社会保险法

全国职工『八五』普法简明读本

学习强会 编

LAW

U0798249

中国工人出版社

本书编委会

编者的话

《中央宣传部、司法部关于开展法治宣传教育的第八个五年规划（2021—2025年）》指出，我国开启全面建设社会主义现代化国家新征程，进入新发展阶段，迫切要求进一步提升公民法治素养，推动全社会尊法学法守法用法。2021年9月，中华全国总工会办公厅印发的《关于在工会工作者和职工中开展法治宣传教育的第八个五年规划（2021—2025年）》，要求各级工会组织以习近平法治思想引领工会普法工作，推动普法工作守正创新、提质增效、全面发展。因此，做好普法宣传工作，完善宣传的内容、途径和手段，对于普法工作的开展具有十分重要的意义。

为了进一步推动国家“八五”普法工作，结合全国工会系统开展“八五”普法，适应新就业形态发展和促进劳动关系和谐稳定需要，针对与职工切身利益密切相关的法律法规，我们策划出版了“全国职工‘八五’普法简明读本”丛书（共12册）。本丛书以工会开展普法工作为切入点，聚焦职工群众最关心最直接最现实的利益问题，重点解读了与职工劳动权益相关的劳动法律知识。在内容构成上，以法律文本为主线，设置了“职工权益导读”版块，通俗地解答了与职工权益相关的问题，并附录了相关法律文书，方便职工参考使用。

希望这套丛书的出版，能够帮助广大职工了解、掌握一些必备的法律常识，增强法治观念，提高法律素养，同时对工会组织职工、引导职工、服务职工、维护职工合法权益等起到积极的作用。

目　录

Contents

中华人民共和国社会保险法

（2010年10月28日第十一届全国人民代表大会常务委员会第十七次会议通过　根据2018年12月29日第十三届全国人民代表大会常务委员会第七次会议《关于修改〈中华人民共和国社会保险法〉的决定》修正）

目　　录

第一章 总　　则

第一条　为了规范社会保险关系，维护公民参加社会保险和享受社会保险待遇的合法权益，使公民共享发展成果，促进社会和谐稳定，根据宪法，制定本法。

第二条　国家建立基本养老保险、基本医疗保险、工伤保险、失业保险、生育保险等社会保险制度，保障公民在年老、疾病、工伤、失业、生育等情况下依法从国家和社会获得物质帮助的权利。

第三条　社会保险制度坚持广覆盖、保基本、多层次、可持续的方针，社会保险水平应当与经济社会发展水平相适应。

第四条　中华人民共和国境内的用人单位和个人依法缴纳社会保险费，有权查询缴费记录、个人权益记录，要求社会保险经办机构提供社会保险咨询等相关服务。

个人依法享受社会保险待遇，有权监督本单位为其缴费情况。

第五条　县级以上人民政府将社会保险事业纳入国民经济和社会发展规划。

国家多渠道筹集社会保险资金。县级以上人民政府对社会保险事业给予必要的经费支持。

国家通过税收优惠政策支持社会保险事业。

第六条　国家对社会保险基金实行严格监管。

国务院和省、自治区、直辖市人民政府建立健全社会保险基金监督管理制度，保障社会保险基金安全、有效运行。

县级以上人民政府采取措施，鼓励和支持社会各方面参与社会保险基金的监督。

第七条　国务院社会保险行政部门负责全国的社会保险管理工作，国务院其他有关部门在各自的职责范围内负责有关的社会保险工作。

县级以上地方人民政府社会保险行政部门负责本行政区域的社会保险管理工作，县级以上地方人民政府其他有关部门在各自的职责范围内负责有关的社会保险工作。

第八条　社会保险经办机构提供社会保险服务，负责社会保险登记、个人权益记录、社会保险待遇支付等工作。

第九条　工会依法维护职工的合法权益，有权参与社会保险重大事项的研究，参加社会保险监督委员会，对与职工社会保险权益有关的事项进行监督。

第二章　基本养老保险

第十条　职工应当参加基本养老保险，由用人单位和职工共同缴纳基本养老保险费。

无雇工的个体工商户、未在用人单位参加基本养老保险的非全日制从业人员以及其他灵活就业人员可以参加基本养老保险，由个人缴纳基本养老保险费。

公务员和参照公务员法管理的工作人员养老保险的办法由国务院规定。

第十一条　基本养老保险实行社会统筹与个人账户相结合。

基本养老保险基金由用人单位和个人缴费以及政府补贴等

组成。

第十二条 用人单位应当按照国家规定的本单位职工工资总额的比例缴纳基本养老保险费，记入基本养老保险统筹基金。

职工应当按照国家规定的本人工资的比例缴纳基本养老保险费，记入个人账户。

无雇工的个体工商户、未在用人单位参加基本养老保险的非全日制从业人员以及其他灵活就业人员参加基本养老保险的，应当按照国家规定缴纳基本养老保险费，分别记入基本养老保险统筹基金和个人账户。

第十三条 国有企业、事业单位职工参加基本养老保险前，视同缴费年限期间应当缴纳的基本养老保险费由政府承担。

基本养老保险基金出现支付不足时，政府给予补贴。

第十四条 个人账户不得提前支取，记账利率不得低于银行定期存款利率，免征利息税。个人死亡的，个人账户余额可以继承。

第十五条 基本养老金由统筹养老金和个人账户养老金组成。

基本养老金根据个人累计缴费年限、缴费工资、当地职工平均工资、个人账户金额、城镇人口平均预期寿命等因素确定。

第十六条 参加基本养老保险的个人，达到法定退休年龄时累计缴费满十五年的，按月领取基本养老金。

参加基本养老保险的个人，达到法定退休年龄时累计缴费不足十五年的，可以缴费至满十五年，按月领取基本养老金；也可以转入新型农村社会养老保险或者城镇居民社会养老保险，按照国务院规定享受相应的养老保险待遇。

第十七条 参加基本养老保险的个人，因病或者非因工死亡的，其遗属可以领取丧葬补助金和抚恤金；在未达到法定退休年龄时因病或者非因工致残完全丧失劳动能力的，可以领取病残津贴。所需资金从基本养老保险基金中支付。

第十八条 国家建立基本养老金正常调整机制。根据职工平均工资增长、物价上涨情况，适时提高基本养老保险待遇水平。

第十九条 个人跨统筹地区就业的，其基本养老保险关系随本人转移，缴费年限累计计算。个人达到法定退休年龄时，基本养老金分段计算、统一支付。具体办法由国务院规定。

第二十条 国家建立和完善新型农村社会养老保险制度。

新型农村社会养老保险实行个人缴费、集体补助和政府补贴相结合。

第二十一条 新型农村社会养老保险待遇由基础养老金和个人账户养老金组成。

参加新型农村社会养老保险的农村居民，符合国家规定条件的，按月领取新型农村社会养老保险待遇。

第二十二条 国家建立和完善城镇居民社会养老保险制度。

省、自治区、直辖市人民政府根据实际情况，可以将城镇居民社会养老保险和新型农村社会养老保险合并实施。

第三章 基本医疗保险

第二十三条 职工应当参加职工基本医疗保险，由用人单位和职工按照国家规定共同缴纳基本医疗保险费。

无雇工的个体工商户、未在用人单位参加职工基本医疗保险的非全日制从业人员以及其他灵活就业人员可以参加职工基本医疗保险，由个人按照国家规定缴纳基本医疗保险费。

第二十四条 国家建立和完善新型农村合作医疗制度。

新型农村合作医疗的管理办法，由国务院规定。

第二十五条 国家建立和完善城镇居民基本医疗保险制度。

城镇居民基本医疗保险实行个人缴费和政府补贴相结合。

享受最低生活保障的人、丧失劳动能力的残疾人、低收入家庭六十周岁以上的老年人和未成年人等所需个人缴费部分，由政府给予补贴。

第二十六条 职工基本医疗保险、新型农村合作医疗和城镇居民基本医疗保险的待遇标准按照国家规定执行。

第二十七条 参加职工基本医疗保险的个人，达到法定退休年龄时累计缴费达到国家规定年限的，退休后不再缴纳基本医疗保险费，按照国家规定享受基本医疗保险待遇；未达到国家规定年限的，可以缴费至国家规定年限。

第二十八条 符合基本医疗保险药品目录、诊疗项目、医疗服务设施标准以及急诊、抢救的医疗费用，按照国家规定从基本医疗保险基金中支付。

第二十九条 参保人员医疗费用中应当由基本医疗保险基金支付的部分，由社会保险经办机构与医疗机构、药品经营单位直接结算。

社会保险行政部门和卫生行政部门应当建立异地就医医疗费用

结算制度，方便参保人员享受基本医疗保险待遇。

第三十条 下列医疗费用不纳入基本医疗保险基金支付范围：

（一）应当从工伤保险基金中支付的；

（二）应当由第三人负担的；

（三）应当由公共卫生负担的；

（四）在境外就医的。

医疗费用依法应当由第三人负担，第三人不支付或者无法确定第三人的，由基本医疗保险基金先行支付。基本医疗保险基金先行支付后，有权向第三人追偿。

第三十一条 社会保险经办机构根据管理服务的需要，可以与医疗机构、药品经营单位签订服务协议，规范医疗服务行为。

医疗机构应当为参保人员提供合理、必要的医疗服务。

第三十二条 个人跨统筹地区就业的，其基本医疗保险关系随本人转移，缴费年限累计计算。

第四章 工伤保险

第三十三条 职工应当参加工伤保险，由用人单位缴纳工伤保险费，职工不缴纳工伤保险费。

第三十四条 国家根据不同行业的工伤风险程度确定行业的差别费率，并根据使用工伤保险基金、工伤发生率等情况在每个行业内确定费率档次。行业差别费率和行业内费率档次由国务院社会保险行政部门制定，报国务院批准后公布施行。

社会保险经办机构根据用人单位使用工伤保险基金、工伤发生率和所属行业费率档次等情况，确定用人单位缴费费率。

第三十五条 用人单位应当按照本单位职工工资总额，根据社会保险经办机构确定的费率缴纳工伤保险费。

第三十六条 职工因工作原因受到事故伤害或者患职业病，且经工伤认定的，享受工伤保险待遇；其中，经劳动能力鉴定丧失劳动能力的，享受伤残待遇。

工伤认定和劳动能力鉴定应当简捷、方便。

第三十七条 职工因下列情形之一导致本人在工作中伤亡的，不认定为工伤：

（一）故意犯罪；

（二）醉酒或者吸毒；

（三）自残或者自杀；

（四）法律、行政法规规定的其他情形。

第三十八条 因工伤发生的下列费用，按照国家规定从工伤保险基金中支付：

（一）治疗工伤的医疗费用和康复费用；

（二）住院伙食补助费；

（三）到统筹地区以外就医的交通食宿费；

（四）安装配置伤残辅助器具所需费用；

（五）生活不能自理的，经劳动能力鉴定委员会确认的生活护理费；

（六）一次性伤残补助金和一至四级伤残职工按月领取的伤残津贴；

（七）终止或者解除劳动合同时，应当享受的一次性医疗补助金；

（八）因工死亡的，其遗属领取的丧葬补助金、供养亲属抚恤金和因工死亡补助金；

（九）劳动能力鉴定费。

第三十九条 因工伤发生的下列费用，按照国家规定由用人单位支付：

（一）治疗工伤期间的工资福利；

（二）五级、六级伤残职工按月领取的伤残津贴；

（三）终止或者解除劳动合同时，应当享受的一次性伤残就业补助金。

第四十条 工伤职工符合领取基本养老金条件的，停发伤残津贴，享受基本养老保险待遇。基本养老保险待遇低于伤残津贴的，从工伤保险基金中补足差额。

第四十一条 职工所在用人单位未依法缴纳工伤保险费，发生工伤事故的，由用人单位支付工伤保险待遇。用人单位不支付的，从工伤保险基金中先行支付。

从工伤保险基金中先行支付的工伤保险待遇应当由用人单位偿还。用人单位不偿还的，社会保险经办机构可以依照本法第六十三条的规定追偿。

第四十二条 由于第三人的原因造成工伤，第三人不支付工伤医疗费用或者无法确定第三人的，由工伤保险基金先行支付。工伤保险基金先行支付后，有权向第三人追偿。

第四十三条　工伤职工有下列情形之一的，停止享受工伤保险待遇：

（一）丧失享受待遇条件的；

（二）拒不接受劳动能力鉴定的；

（三）拒绝治疗的。

第五章　失业保险

第四十四条　职工应当参加失业保险，由用人单位和职工按照国家规定共同缴纳失业保险费。

第四十五条　失业人员符合下列条件的，从失业保险基金中领取失业保险金：

（一）失业前用人单位和本人已经缴纳失业保险费满一年的；

（二）非因本人意愿中断就业的；

（三）已经进行失业登记，并有求职要求的。

第四十六条　失业人员失业前用人单位和本人累计缴费满一年不足五年的，领取失业保险金的期限最长为十二个月；累计缴费满五年不足十年的，领取失业保险金的期限最长为十八个月；累计缴费十年以上的，领取失业保险金的期限最长为二十四个月。重新就业后，再次失业的，缴费时间重新计算，领取失业保险金的期限与前次失业应当领取而尚未领取的失业保险金的期限合并计算，最长不超过二十四个月。

第四十七条　失业保险金的标准，由省、自治区、直辖市人民政府确定，不得低于城市居民最低生活保障标准。

第四十八条 失业人员在领取失业保险金期间，参加职工基本医疗保险，享受基本医疗保险待遇。

失业人员应当缴纳的基本医疗保险费从失业保险基金中支付，个人不缴纳基本医疗保险费。

第四十九条 失业人员在领取失业保险金期间死亡的，参照当地对在职职工死亡的规定，向其遗属发给一次性丧葬补助金和抚恤金。所需资金从失业保险基金中支付。

个人死亡同时符合领取基本养老保险丧葬补助金、工伤保险丧葬补助金和失业保险丧葬补助金条件的，其遗属只能选择领取其中的一项。

第五十条 用人单位应当及时为失业人员出具终止或者解除劳动关系的证明，并将失业人员的名单自终止或者解除劳动关系之日起十五日内告知社会保险经办机构。

失业人员应当持本单位为其出具的终止或者解除劳动关系的证明，及时到指定的公共就业服务机构办理失业登记。

失业人员凭失业登记证明和个人身份证明，到社会保险经办机构办理领取失业保险金的手续。失业保险金领取期限自办理失业登记之日起计算。

第五十一条 失业人员在领取失业保险金期间有下列情形之一的，停止领取失业保险金，并同时停止享受其他失业保险待遇：

（一）重新就业的；

（二）应征服兵役的；

（三）移居境外的；

（四）享受基本养老保险待遇的；

（五）无正当理由，拒不接受当地人民政府指定部门或者机构介绍的适当工作或者提供的培训的。

第五十二条 职工跨统筹地区就业的，其失业保险关系随本人转移，缴费年限累计计算。

第六章 生育保险

第五十三条 职工应当参加生育保险，由用人单位按照国家规定缴纳生育保险费，职工不缴纳生育保险费。

第五十四条 用人单位已经缴纳生育保险费的，其职工享受生育保险待遇；职工未就业配偶按照国家规定享受生育医疗费用待遇。所需资金从生育保险基金中支付。

生育保险待遇包括生育医疗费用和生育津贴。

第五十五条 生育医疗费用包括下列各项：

（一）生育的医疗费用；

（二）计划生育的医疗费用；

（三）法律、法规规定的其他项目费用。

第五十六条 职工有下列情形之一的，可以按照国家规定享受生育津贴：

（一）女职工生育享受产假；

（二）享受计划生育手术休假；

（三）法律、法规规定的其他情形。

生育津贴按照职工所在用人单位上年度职工月平均工资计发。

第七章　社会保险费征缴

第五十七条　用人单位应当自成立之日起三十日内凭营业执照、登记证书或者单位印章，向当地社会保险经办机构申请办理社会保险登记。社会保险经办机构应当自收到申请之日起十五日内予以审核，发给社会保险登记证件。

用人单位的社会保险登记事项发生变更或者用人单位依法终止的，应当自变更或者终止之日起三十日内，到社会保险经办机构办理变更或者注销社会保险登记。

市场监督管理部门、民政部门和机构编制管理机关应当及时向社会保险经办机构通报用人单位的成立、终止情况，公安机关应当及时向社会保险经办机构通报个人的出生、死亡以及户口登记、迁移、注销等情况。

第五十八条　用人单位应当自用工之日起三十日内为其职工向社会保险经办机构申请办理社会保险登记。未办理社会保险登记的，由社会保险经办机构核定其应当缴纳的社会保险费。

自愿参加社会保险的无雇工的个体工商户、未在用人单位参加社会保险的非全日制从业人员以及其他灵活就业人员，应当向社会保险经办机构申请办理社会保险登记。

国家建立全国统一的个人社会保障号码。个人社会保障号码为公民身份号码。

第五十九条　县级以上人民政府加强社会保险费的征收工作。

社会保险费实行统一征收，实施步骤和具体办法由国务院规定。

第六十条 用人单位应当自行申报、按时足额缴纳社会保险费，非因不可抗力等法定事由不得缓缴、减免。职工应当缴纳的社会保险费由用人单位代扣代缴，用人单位应当按月将缴纳社会保险费的明细情况告知本人。

无雇工的个体工商户、未在用人单位参加社会保险的非全日制从业人员以及其他灵活就业人员，可以直接向社会保险费征收机构缴纳社会保险费。

第六十一条 社会保险费征收机构应当依法按时足额征收社会保险费，并将缴费情况定期告知用人单位和个人。

第六十二条 用人单位未按规定申报应当缴纳的社会保险费数额的，按照该单位上月缴费额的百分之一百一十确定应当缴纳数额；缴费单位补办申报手续后，由社会保险费征收机构按照规定结算。

第六十三条 用人单位未按时足额缴纳社会保险费的，由社会保险费征收机构责令其限期缴纳或者补足。

用人单位逾期仍未缴纳或者补足社会保险费的，社会保险费征收机构可以向银行和其他金融机构查询其存款账户；并可以申请县级以上有关行政部门作出划拨社会保险费的决定，书面通知其开户银行或者其他金融机构划拨社会保险费。用人单位账户余额少于应当缴纳的社会保险费的，社会保险费征收机构可以要求该用人单位提供担保，签订延期缴费协议。

用人单位未足额缴纳社会保险费且未提供担保的，社会保险费征收机构可以申请人民法院扣押、查封、拍卖其价值相当于应当缴纳社会保险费的财产，以拍卖所得抵缴社会保险费。

第八章　社会保险基金

第六十四条　社会保险基金包括基本养老保险基金、基本医疗保险基金、工伤保险基金、失业保险基金和生育保险基金。除基本医疗保险基金与生育保险基金合并建账及核算外，其他各项社会保险基金按照社会保险险种分别建账，分账核算。社会保险基金执行国家统一的会计制度。

社会保险基金专款专用，任何组织和个人不得侵占或者挪用。

基本养老保险基金逐步实行全国统筹，其他社会保险基金逐步实行省级统筹，具体时间、步骤由国务院规定。

第六十五条　社会保险基金通过预算实现收支平衡。

县级以上人民政府在社会保险基金出现支付不足时，给予补贴。

第六十六条　社会保险基金按照统筹层次设立预算。除基本医疗保险基金与生育保险基金预算合并编制外，其他社会保险基金预算按照社会保险项目分别编制。

第六十七条　社会保险基金预算、决算草案的编制、审核和批准，依照法律和国务院规定执行。

第六十八条　社会保险基金存入财政专户，具体管理办法由国务院规定。

第六十九条　社会保险基金在保证安全的前提下，按照国务院规定投资运营实现保值增值。

社会保险基金不得违规投资运营，不得用于平衡其他政府预算，不得用于兴建、改建办公场所和支付人员经费、运行费用、管理费用，或者违反法律、行政法规规定挪作其他用途。

第七十条 社会保险经办机构应当定期向社会公布参加社会保险情况以及社会保险基金的收入、支出、结余和收益情况。

第七十一条 国家设立全国社会保障基金，由中央财政预算拨款以及国务院批准的其他方式筹集的资金构成，用于社会保障支出的补充、调剂。全国社会保障基金由全国社会保障基金管理运营机构负责管理运营，在保证安全的前提下实现保值增值。

全国社会保障基金应当定期向社会公布收支、管理和投资运营的情况。国务院财政部门、社会保险行政部门、审计机关对全国社会保障基金的收支、管理和投资运营情况实施监督。

第九章 社会保险经办

第七十二条 统筹地区设立社会保险经办机构。社会保险经办机构根据工作需要，经所在地的社会保险行政部门和机构编制管理机关批准，可以在本统筹地区设立分支机构和服务网点。

社会保险经办机构的人员经费和经办社会保险发生的基本运行费用、管理费用，由同级财政按照国家规定予以保障。

第七十三条 社会保险经办机构应当建立健全业务、财务、安全和风险管理制度。

社会保险经办机构应当按时足额支付社会保险待遇。

第七十四条 社会保险经办机构通过业务经办、统计、调查获取社会保险工作所需的数据，有关单位和个人应当及时、如实提供。

社会保险经办机构应当及时为用人单位建立档案，完整、准确地记录参加社会保险的人员、缴费等社会保险数据，妥善保管登记、申报的原始凭证和支付结算的会计凭证。

社会保险经办机构应当及时、完整、准确地记录参加社会保险的个人缴费和用人单位为其缴费，以及享受社会保险待遇等个人权益记录，定期将个人权益记录单免费寄送本人。

用人单位和个人可以免费向社会保险经办机构查询、核对其缴费和享受社会保险待遇记录，要求社会保险经办机构提供社会保险咨询等相关服务。

第七十五条 全国社会保险信息系统按照国家统一规划，由县级以上人民政府按照分级负责的原则共同建设。

第十章 社会保险监督

第七十六条 各级人民代表大会常务委员会听取和审议本级人民政府对社会保险基金的收支、管理、投资运营以及监督检查情况的专项工作报告，组织对本法实施情况的执法检查等，依法行使监督职权。

第七十七条 县级以上人民政府社会保险行政部门应当加强对用人单位和个人遵守社会保险法律、法规情况的监督检查。

社会保险行政部门实施监督检查时，被检查的用人单位和个人应当如实提供与社会保险有关的资料，不得拒绝检查或者谎报、瞒报。

第七十八条 财政部门、审计机关按照各自职责，对社会保险基金的收支、管理和投资运营情况实施监督。

第七十九条 社会保险行政部门对社会保险基金的收支、管理和投资运营情况进行监督检查，发现存在问题的，应当提出整改建议，依法作出处理决定或者向有关行政部门提出处理建议。社会保险基金检查结果应当定期向社会公布。

社会保险行政部门对社会保险基金实施监督检查，有权采取下列措施：

（一）查阅、记录、复制与社会保险基金收支、管理和投资运营相关的资料，对可能被转移、隐匿或者灭失的资料予以封存；

（二）询问与调查事项有关的单位和个人，要求其对与调查事项有关的问题作出说明、提供有关证明材料；

（三）对隐匿、转移、侵占、挪用社会保险基金的行为予以制止并责令改正。

第八十条 统筹地区人民政府成立由用人单位代表、参保人员代表，以及工会代表、专家等组成的社会保险监督委员会，掌握、分析社会保险基金的收支、管理和投资运营情况，对社会保险工作提出咨询意见和建议，实施社会监督。

社会保险经办机构应当定期向社会保险监督委员会汇报社会保险基金的收支、管理和投资运营情况。社会保险监督委员会可以聘请会计师事务所对社会保险基金的收支、管理和投资运营情况进行年度审计和专项审计。审计结果应当向社会公开。

社会保险监督委员会发现社会保险基金收支、管理和投资运营中存在问题的，有权提出改正建议；对社会保险经办机构及其工作人员的违法行为，有权向有关部门提出依法处理建议。

第八十一条 社会保险行政部门和其他有关行政部门、社会保险经办机构、社会保险费征收机构及其工作人员，应当依法为用人单位和个人的信息保密，不得以任何形式泄露。

第八十二条 任何组织或者个人有权对违反社会保险法律、法规的行为进行举报、投诉。

社会保险行政部门、卫生行政部门、社会保险经办机构、社会保险费征收机构和财政部门、审计机关对属于本部门、本机构职责范围的举报、投诉，应当依法处理；对不属于本部门、本机构职责范围的，应当书面通知并移交有权处理的部门、机构处理。有权处理的部门、机构应当及时处理，不得推诿。

第八十三条 用人单位或者个人认为社会保险费征收机构的行为侵害自己合法权益的，可以依法申请行政复议或者提起行政诉讼。

用人单位或者个人对社会保险经办机构不依法办理社会保险登记、核定社会保险费、支付社会保险待遇、办理社会保险转移接续手续或者侵害其他社会保险权益的行为，可以依法申请行政复议或者提起行政诉讼。

个人与所在用人单位发生社会保险争议的，可以依法申请调解、仲裁，提起诉讼。用人单位侵害个人社会保险权益的，个人也可以要求社会保险行政部门或者社会保险费征收机构依法处理。

第十一章　法律责任

第八十四条　用人单位不办理社会保险登记的，由社会保险行政部门责令限期改正；逾期不改正的，对用人单位处应缴社会保险费数额一倍以上三倍以下的罚款，对其直接负责的主管人员和其他直接责任人员处五百元以上三千元以下的罚款。

第八十五条　用人单位拒不出具终止或者解除劳动关系证明的，依照《中华人民共和国劳动合同法》的规定处理。

第八十六条　用人单位未按时足额缴纳社会保险费的，由社会保险费征收机构责令限期缴纳或者补足，并自欠缴之日起，按日加收万分之五的滞纳金；逾期仍不缴纳的，由有关行政部门处欠缴数额一倍以上三倍以下的罚款。

第八十七条　社会保险经办机构以及医疗机构、药品经营单位等社会保险服务机构以欺诈、伪造证明材料或者其他手段骗取社会保险基金支出的，由社会保险行政部门责令退回骗取的社会保险金，处骗取金额二倍以上五倍以下的罚款；属于社会保险服务机构的，解除服务协议；直接负责的主管人员和其他直接责任人员有执业资格的，依法吊销其执业资格。

第八十八条　以欺诈、伪造证明材料或者其他手段骗取社会保险待遇的，由社会保险行政部门责令退回骗取的社会保险金，处骗取金额二倍以上五倍以下的罚款。

第八十九条　社会保险经办机构及其工作人员有下列行为之一

的，由社会保险行政部门责令改正；给社会保险基金、用人单位或者个人造成损失的，依法承担赔偿责任；对直接负责的主管人员和其他直接责任人员依法给予处分：

（一）未履行社会保险法定职责的；

（二）未将社会保险基金存入财政专户的；

（三）克扣或者拒不按时支付社会保险待遇的；

（四）丢失或者篡改缴费记录、享受社会保险待遇记录等社会保险数据、个人权益记录的；

（五）有违反社会保险法律、法规的其他行为的。

第九十条　社会保险费征收机构擅自更改社会保险费缴费基数、费率，导致少收或者多收社会保险费的，由有关行政部门责令其追缴应当缴纳的社会保险费或者退还不应当缴纳的社会保险费；对直接负责的主管人员和其他直接责任人员依法给予处分。

第九十一条　违反本法规定，隐匿、转移、侵占、挪用社会保险基金或者违规投资运营的，由社会保险行政部门、财政部门、审计机关责令追回；有违法所得的，没收违法所得；对直接负责的主管人员和其他直接责任人员依法给予处分。

第九十二条　社会保险行政部门和其他有关行政部门、社会保险经办机构、社会保险费征收机构及其工作人员泄露用人单位和个人信息的，对直接负责的主管人员和其他直接责任人员依法给予处分；给用人单位或者个人造成损失的，应当承担赔偿责任。

第九十三条　国家工作人员在社会保险管理、监督工作中滥用职权、玩忽职守、徇私舞弊的，依法给予处分。

第九十四条 违反本法规定，构成犯罪的，依法追究刑事责任。

第十二章 附 则

第九十五条 进城务工的农村居民依照本法规定参加社会保险。

第九十六条 征收农村集体所有的土地，应当足额安排被征地农民的社会保险费，按照国务院规定将被征地农民纳入相应的社会保险制度。

第九十七条 外国人在中国境内就业的，参照本法规定参加社会保险。

第九十八条 本法自2011年7月1日起施行。

职工权益导读

1 什么是社会保险？什么是《社会保险法》？

社会保险是指国家通过立法强制建立社会保险基金，对劳动者在丧失劳动能力或失业时给予必要的物质帮助的制度。我国社会保险包括医疗保险、失业保险、工伤保险、生育保险和养老保险。不同的社会保险具有不同的保障特性，适用不同的保障人群。社会保险的主要特征是具有强制性和福利性。

《中华人民共和国社会保险法》（以下简称《社会保险法》）是调整社会保险关系的法律。《社会保险法》是中国特色社会主义法律体系中起支架作用的重要法律，是一部着力保障和改善民生的法律。它的颁布实施，是中国人力资源社会保障法制建设中的一个里程碑。《社会保险法》立法宗旨是规范社会保险关系，维护公民参加社会保险和享受社会保险待遇的合法权益，使公民共享社会经济发展成果，促进社会和谐稳定；社会保险制度坚持广覆盖、保基本、多层次、可持续的方针，社会保险水平与经济社会发展水平相适应。我国《社会保险法》于 2011 年 7 月 1 日起正式施行。

2 职工能享受的社会保险项目有哪些?

职工入职用人单位，用人单位就应当为其缴纳养老保险、医疗保险、失业保险、工伤保险和生育保险，这些都属于社会保险，用以保障劳动者在因年老、患病、工伤、失业、生育以及死亡等原因暂时或永久失去生活来源时给予一定物质帮助的权利。简言之，职工能享受的社会保险主要包括基本养老保险、基本医疗保险、失业保险、工伤保险和生育保险。

3 是不是购买了商业保险就不用办理社会保险了?

社会保险与商业保险虽然都具有互助互济功能，但二者不同，不可相互替代。社会保险是国家实施的社会保障，具有强制性和福利性的特点，其中基本养老保险和基本医疗保险覆盖全体城乡居民，工伤保险、失业保险、生育保险覆盖范围仅限于职工及有关人员，五个险种待遇标准均由国家根据参保人员基本生活需求确定。商业保险以保险业金融企业法人为主体实施，具有自愿性、赔偿性和营利性特点，其保障内容由投保人自主选择，待遇标准完全由金融企业根据投保人缴费数额和投保时间长短确定。职工即使参加了商业保险，或者用人单位已为职工参加了商业保险，也不能拒绝参加社会保险，社会保险不能由商业保险来替代。用人单位为职工缴纳社会保险费是法定义务。

4 我国各项社会保险制度的覆盖范围都包括哪些基本内容？

《社会保险法》将我国所有的用人单位和劳动者都纳入了社会保险制度覆盖范围，具体有：

（1）基本养老保险制度和基本医疗保险制度覆盖了我国城乡全体居民。用人单位及其职工应当参加职工基本养老保险和基本医疗保险；个体工商户、未在用人单位参加社会保险的非全日制从业人员以及其他灵活就业人员也可以参加职工基本养老保险和基本医疗保险；农村居民可以参加新型农村社会养老保险和新型农村合作医疗保险；城镇未就业居民可以参加城镇居民社会养老保险和基本医疗保险；进城务工人员可以参加社会保险；公务员和参照公务员法管理的工作人员养老保险办法由国务院规定。

（2）工伤保险、失业保险和生育保险制度覆盖了所有用人单位和职工。

（3）被征地农民按照国务院规定纳入相应的社会保险制度。

（4）在中国境内就业的外国人，也应当按照规定参加我国的社会保险。

5 职工有权查询社会保险缴费情况吗?

中华人民共和国境内的用人单位和职工依法缴纳社会保险费，有权查询缴费记录、个人权益记录，可以要求社会保险经办机构提供社会保险咨询等相关服务。职工依法享受社会保险待遇，有权监督单位为其缴费情况。如果单位为职工缴纳的社会保险低于国家规定的数额，职工有权向社会保险稽核部门进行投诉，社会保险稽核部门查证属实的，应责令用人单位补缴。

6 社会保险行政管理职责是怎样分工的?

国务院社会保险行政部门是人力资源和社会保障部，负责国家社会保险体系的建立、制定政策并实施和管理社会保险各项工作；县级以上地方政府社会保险行政部门是人力资源和社会保障厅（局），负责本区域的社会保险管理工作。此外，财政部门、审计机关、卫生行政部门在各自的职责范围内分别负责社会保险基金的收支、管理、监督以及新型农村合作医疗的管理等有关社会保险工作。

7 职工如何通过工会维护自身的社会保险权益?

工会是职工自愿结合的工人阶级群众性组织，依法维护职工的合法权益。工会主要通过以下措施维护职工的社会保险权益：一是参与社会保险重大事项的研究，参加制定、起草和修改国家及地方的社会保险法规政策；二是参与社会保险监督，主要通过职工代表大会对用人单位履行劳动合同、集体合同依法缴纳社会保险费情况进行监督；三是参加社会保险监督委员会对社会保险法规政策的实施情况和社会保险基金的管理运营情况进行全过程监督，保障社会保险基金的充足、安全有效运行和按时足额发放社会保险待遇。

8 新就业形态劳动者如何享受社会保险?

2021 年 7 月 16 日，人力资源和社会保障部、国家发展改革委、交通运输部、应急部、市场监管总局、国家医保局、最高人民法院、全国总工会印发了《关于维护新就业形态劳动者劳动保障权益的指导意见》（以下简称《意见》）。《意见》完善基本养老保险、医疗保险相关政策，各地要放开灵活就业人员在就业地参加基本养老、基本医疗保险的户籍限制，个别超大型城市难以一步实现的，要结合本地实际，积极创造条件逐步放开。组织未参加职工基本养老、职工基本医疗保险的灵活就业人员，按规定参加城乡居民基本养老保险、城乡居民基本医疗保险，做到应保尽保。督促企业依法参加社会保险。企业要引导和支持不完全符合确立劳动关系情形的新就业形态劳动者根据自身情况参加相应的社会保险。优化社会保险经办，探索适合新就业形态的社会保险经办服务模式，在参保缴费、权益查询、待遇领取和结算等方面提供更加便捷的服务，做好社会保险关系转移接续工作，提高社会保险经办服务水平，更好地保障参保人员公平享受各项社会保险待遇。

市场监管总局等七部门《关于落实网络餐饮平台责任切实维护外卖送餐员权益的指导意见》要求，网络餐饮平台及第三方合作单位要依法为建立劳动关系的外卖送餐员参加社会保险，鼓励其他外卖送餐员参加社会保险。按照国家规定参加平台灵活就业人员职业伤害保障试点，防范和化解外卖送餐员职业伤害风险。鼓励针对平台就业特点，探索提供多样化商业保险保障方案，确保缴纳费用足额投保，提高多层次保障水平。

交通运输部等七部门《关于做好快递员群体合法权益保障工作的意见》要求，鼓励快递企业直接用工，提高自有员工比例。督促企业依法与快递员签订劳动合同并缴纳社会保险费，依法规范使用劳务派遣。对用工灵活、流动性大的基层快递网点，可统筹按照地区全口径城镇单位就业人员平均工资水平或营业额比例计算缴纳工伤保险费，优先参加工伤保险。推动企业为快递员购买人身意外保险。探索建立更灵活、更便利的社会保险经办管理服务模式。

9 什么是基本养老保险？哪些人应参加基本养老保险？

基本养老保险是社会保险制度的重要组成部分，是国家为解决劳动者在达到法定退休年龄、退出劳动岗位后的基本生活而建立的一种社会保险制度。

与用人单位建立劳动关系的劳动者（职工）必须参加职工基本养老保险，由用人单位和职工共同缴纳基本养老保险费。无雇工的个体工商户、未在用人单位参加基本养老保险的非全日制从业人员（与企业建立稳定劳动关系者除外）、自由职业者以及其他灵活就业人员，可以自愿参加职工基本养老保险，由个人缴纳基本养老保险费。公务员和参照公务员法管理的工作人员养老保险办法由国务院另行规定。

10 职工基本养老保险缴费基数和缴费比例是多少?

用人单位应按本单位职工工资总额的一定比例缴纳基本养老保险费，记入基本养老保险统筹基金；职工应按本人工资的一定比例缴纳基本养老保险费，记入个人账户；无雇工的个体工商户、未在用人单位参加基本养老保险的非全日制从业人员以及其他灵活就业人员缴纳基本养老保险费，分别记入基本养老保险统筹基金和个人账户。按照现行政策，用人单位缴纳基本养老保险费的比例，一般不超过企业工资总额的 20%，具体比例由省、自治区、直辖市人民政府确定。职工按照本人缴费工资的 8% 缴费，缴费工资为本人上一年度月平均工资。月平均工资超过当地职工平均工资 300% 以上的部分，不计入个人缴费工资基数；低于当地职工平均工资 60% 的，按 60% 计算缴费工资基数。月平均工资应按照国家统计局规定列入工资总额的统计项目计算，包括工资、奖金、津贴、补贴等收入。

11 用人单位和职工怎样参加基本养老保险?

首先，用人单位应当办理社会保险登记手续，与社会保险经办机构建立联系，填报单位的基本信息，为后续的缴费行为做准备；其次，用人单位应将全部职工的基本信息报送社会保险经办机构，包括身份证号码、户口信息等，以便社会保险经办机构为每一位职工建立养老保险个人账户；再次，用人单位采集职工的个人缴费基数，从职工工资中代扣代缴养老保险费个人缴纳部分，并与单位缴纳部分合并后一起交给社会保险经办机构；最后，社会保险经办机构将用人单位与职工的养老保险缴费结果进行连续记录，为每一位参加基本养老保险的职工建立养老保险个人账户，记录缴费年限。

12 怎样计算基本养老保险待遇?

基本养老金由统筹养老金和个人账户养老金组成，其数额根据个人累计缴费年限、缴费工资、当地职工平均工资、个人账户金额、城镇人口平均预期寿命等因素确定。按现行政策，社会统筹养老金月标准为：以全省上年度在岗职工月平均工资和本人指数化月平均工资的平均值为基数，缴费每满1年发给1%。计算公式为：统筹养老金＝（参保人员退休时全省上年度月平均工资＋本人指数化月平均缴费工资）÷2×缴费年限×1%；个人账户养老金月标准为个人账户储存余额除以计发月数，计发月数根据职工退休时个人账户金额、城镇人口平均预期寿命和本人退休年龄等因素确定。此外，国家建立基本养老金正常调整机制，根据职工平均工资增长、物价上涨情况，适时提高基本养老保险待遇水平。

13 职工在什么条件下可享受基本养老保险待遇？

参加基本养老保险的职工享受基本养老保险待遇必须同时满足以下两个条件：

（1）达到法定退休年龄。我国法定的企业职工退休年龄是男年满 60 周岁，女工人年满 50 周岁，女干部年满 55 周岁。从事井下、高温、高空、特别繁重体力劳动或其他有害身体健康工作的，退休年龄为男年满 55 周岁，女年满 45 周岁；因病或非因工致残，由医院证明并经劳动能力鉴定委员会确认完全丧失劳动能力的，退休年龄为男年满 50 周岁，女年满 45 周岁。

（2）累计缴费满 15 年。累计缴费是指职工可能中间存在缴费中断的问题，但只要累计缴费时间达到 15 年就可以。参加基本养老保险的个人，达到法定退休年龄时累计缴费满 15 年的，按月领取基本养老金。

14 职工参加基本养老保险可以享受哪些待遇？

参加基本养老保险的个人，达到法定退休年龄时累计缴费满 15 年的，可按月领取基本养老金。参加基本养老保险并达到法定退休年龄时累计缴费不足 15 年的，可以缴费至满 15 年再按月领取基本养老金，也可以转入新型农村社会养老保险或者城镇居民社会养老保险，享受相应的养老保险待遇。

参加基本养老保险的个人，因病或者非因工死亡的，其遗属可以领取丧葬补助金和抚恤金；在未达到法定退休年龄时因病或者非因工致残完全丧失劳动能力的，可以领取病残津贴。

15 职工养老保险账户里的养老金能提前提取吗？能不能继承？

职工养老保险账户里的养老金虽然属于职工个人所有，但并不能由个人任意处置，必须在职工退休以后按照国家规定的方式逐月领取，同时个人账户不能提前提取。记账利率不低于银行定期存款利率，免征利息税。这是国家为了保障职工在年老时能够领取养老金，保障其晚年生活。

职工从参加工作开始就必须缴纳养老保险，但有的人因为各种原因，如疾病、灾难等还未达到退休年龄就已经过世。对此，国家规定职工养老保险个人账户里的钱是属于职工所有的，其个人账户里的养老金余额可以由继承人继承。

16 职工跨地区就业时可以退保吗？是否可以转移接续养老保险关系？

职工跨统筹地区就业的，其基本养老保险关系可以随本人转移接续，缴费年限累计计算，个人账户储存额累计计算。未达到领取待遇年龄者，不得提前终止基本养老保险关系并办理退保手续。达到法定退休年龄且缴费满15年后，基本养老金分段计算、统一支付。

关于不允许退保的规定是国家对职工合法权益的保护。因为职工退休后领取的基本养老金数额与其缴费年限长短和缴费基数密切相关，如果办理退保，累计缴费时间短或者不足15年，直接影响到退休后养老金的数额，甚至无法得到制度保障。

根据《城镇企业职工基本养老保险关系转移接续暂行办法》，职工跨统筹地区流动就业转移基本养老保险关系时，按以下方法计算转移资金：

（1）个人账户储存额：1998年1月1日之前按个人缴

费累计本息计算转移，1998 年 1 月 1 日后按计入个人账户的全部储存额计算转移。

（2）统筹基金（单位缴费部分）：以本人 1998 年 1 月 1 日后各年度实际缴费工资为基数，按 12%的总和转移，参保缴费不足 1 年的，按实际缴费月数计算转移。

17 职工跨地区就业时如何办理基本养老保险关系转移接续手续？

根据《城镇企业职工基本养老保险关系转移接续暂行办法》，职工跨地区就业时办理基本养老保险关系转移接续手续的程序是：

（1）参保职工在新就业地按规定建立基本养老保险关系和缴费后，由用人单位或参保职工向新参保地社保经办机构提出基本养老保险关系转移接续的书面申请。

（2）新参保地社保经办机构在 15 个工作日内，审核转移接续申请，对符合规定条件的，向参保职工原基本养老保险关系所在地的社保经办机构发出同意接收函，并提供相关信息；对不符合转移接续条件的，向申请单位或参保职工作出书面说明。

（3）原基本养老保险关系所在地社保经办机构在接到同意接收函的 15 个工作日内，办理好转移接续的各项手续。

（4）新参保地社保经办机构在收到参保职工原基本养老保险关系所在地社保经办机构转移来的基本养老保险关系和资金后，应在15个工作日内办结有关手续，并将确认情况及时通知用人单位或参保职工。

18 跨地区流动就业的参保职工如何确定养老金领取地?

根据《城镇企业职工基本养老保险关系转移接续暂行办法》，跨地区流动就业的参保职工达到养老待遇领取条件时，按照以下原则确定其养老金领取地：

（1）基本养老保险关系在户籍所在地的，由户籍所在地负责办理养老保险待遇领取手续，享受基本养老保险待遇。

（2）基本养老保险关系不在户籍所在地，且在其基本养老保险关系所在地累计缴费年限满10年的，在该地办理待遇领取手续，享受当地基本养老保险待遇。

（3）基本养老保险关系不在户籍所在地，且在其基本养老保险关系所在地累计缴费年限不满10年的，将其基本养老保险关系转回上一个缴费年限满10年的原参保地办理待遇领取手续，享受基本养老保险待遇。

（4）基本养老保险关系不在户籍所在地，且在每个参保地累计缴费年限均不满10年的，将其基本养老保险关系及相应资金归集到户籍所在地，由户籍所在地按照规定办理养老保险待遇手续，享受基本养老保险待遇。

19 职工达到法定退休年龄但不够领取基本养老金的条件时怎么办?

由于以前我国的社会保险制度不完善，人们对社会保险并不重视，特别是那些没有固定工作的人，往往不缴纳养老保险，导致现在一些达到法定退休年龄的职工累计缴费年限不足 15 年，为了解决这部分职工的养老问题，国家给出了三种选择：

（1）继续缴费至 15 年。为了使未缴足 15 年的职工能够在年老时有所依靠，允许其继续缴费至累计 15 年，这样待累计至 15 年后，就可以按月领取养老金。如果是《社会保险法》实施前参保、延长缴费 5 年后仍不足 15 年的，可以一次性缴费至满 15 年。

（2）转入户籍所在地新型农村社会养老保险或者城镇居民社会养老保险。参加职工基本养老保险的职工达到法定退休年龄后，累计缴费不足 15 年的，可以申请转入户籍所在地新型农村社会养老保险或者城镇居民社会养老保险，享受相应的养老保险待遇。

（3）将个人账户储存额一次性支付给本人。参加职工基本养老保险的职工达到法定退休年龄后，累计缴费不足15年，且未转入新型农村社会养老保险或者城镇居民社会养老保险的，职工可以书面申请终止职工基本养老保险关系。社会保险经办机构收到申请后，应当书面告知其转入新型农村社会养老保险或者城镇居民社会养老保险的权利以及终止职工基本养老保险关系的后果，经职工本人书面确认后，终止其职工基本养老保险关系，并将个人账户储存额一次性支付给本人。

20 职工退休后的养老金待遇标准能否提高？

我国建立了基本养老保险正常调整机制。国家会根据平均工资增长、物价上涨情况，适时提高基本养老保险待遇水平。具体调整的时间和数额要经国家有关部门研究后，统一作出调整。养老保险待遇提高后，国家有关部门会进行公告。如果整个社会的平均工资增长、物价上涨，国家将根据上涨的具体情况适时提高基本养老金。

21 什么是职工基本医疗保险？哪些人应参加职工基本医疗保险？

职工基本医疗保险是国家、企业对劳动者因疾病、非因工负伤等引起的医疗费用给予帮助和补偿的社会保障制度。参保人按规定缴纳医疗保险费，依法享受医疗保险待遇。

企业、机关、事业单位、社会团体、民办非企业单位及其职工都必须参加职工基本医疗保险，由用人单位和职工按规定共同缴费。无雇工的个体工商户、未在用人单位参加职工基本医疗保险的非全日制从业人员以及其他灵活就业人员可以参加职工基本医疗保险，由个人依照有关规定缴费。

22 医疗保险费用应当由谁缴纳，缴纳多少?

基本医疗保险费由用人单位和职工共同缴纳，各自按照一定比例缴纳。目前，用人单位缴费一般为职工工资总额的 6% 左右，职工缴费为本人工资收入的 2%，具体缴费比例由各统筹地区根据实际情况确定。

基本医疗保险基金由统筹基金和个人账户构成，职工个人缴纳的基本医疗保险费全部记入个人账户，用人单位缴纳的基本医疗保险费约 30% 划入职工个人账户，其余部分用于建立社会统筹基金。无雇工的个体工商户、未在用人单位参加职工基本医疗保险的非全日制从业人员以及其他灵活就业人员以个人身份缴费参保。随着经济发展，用人单位和职工缴费比率可作相应调整。

23 哪些人参加基本医疗保险由政府补贴个人缴费部分?

城镇居民基本医疗保险实行个人缴费和政府补贴相结合。国家为了照顾部分生活困难人员，对以下几种人员参加基本医疗保险所需个人缴费部分由政府给予补贴:

（1）享受最低生活保障的人。享受最低生活保障的人必须是经政府机关批准享受最低生活保障的人，如果是虽然一时困难，收入达不到最低生活保障标准，却并没有向政府申请最低生活保障或者虽然申请但没有被批准的则不享受政府补贴。

（2）丧失劳动能力的残疾人。丧失了劳动能力的残疾人，在参加基本医疗保险时，个人缴费部分由政府给予补助。

（3）低收入家庭60周岁以上的老年人和未成年人。经政府有关部门认定为低收入家庭，在参加基本医疗保险时，低收入家庭60周岁以上的老人和未成年人所需个人缴费部分由政府给予补贴。

24 职工参加基本医疗保险可以享受哪些待遇?

我国各地经济发展水平不同，医疗保险涉及的方面很多，国家无法进行统一的规定。就现在已实行的相关规定而言，基本原则是职工基本医疗保险统筹基金和个人账户划定各自的支付范围，分别核算。个人账户主要支付门诊费用和住院费用中个人自付部分以及在定点药店购药费用。个人账户归个人使用，可以结转和继承。统筹基金用于支付住院医疗和部分门诊大病费用。统筹基金支付有起付标准和最高支付限额，起付标准原则上控制在当地职工年平均工资的10%左右，最高支付限额原则上控制在当地职工年平均工资的6倍左右。起付标准以下的医疗费用，从个人账户中支付或由个人支付。起付标准以上、最高支付限额以下的医疗费用，主要从统筹基金中支付，其支付比例目前全国多数在70%～80%不等。统筹基金的具体起付标准、最高支付限额以及在起付标准以上和最高支付限额以下的医疗费用的个人负担比例，由统筹地区根据以收定支、收支平衡的原则确定。

25 职工退休后是否还需要缴纳基本医疗保险费?

参加职工基本医疗保险的个人，达到法定退休年龄时累计缴费达到国家规定年限的，退休后不再缴纳基本医疗保险费，按照国家规定享受基本医疗保险待遇；未达到国家规定年限的，可以缴费至国家规定年限。按照国家有关规定，享受基本医疗保险待遇必须具备两个条件：

（1）达到法定退休年龄。必须达到法定退休年龄，在未达到法定退休年龄之前，仍需要缴纳基本医疗保险费。

（2）累计缴费达到国家规定的年限。关于医疗保险累计缴费年限是多少，退休之后才能享受基本医疗保险待遇，目前国家没有明确的统一规定，各省有自己的规定。如湖南省规定，职工基本医疗保险累计缴费年限最低为男满 30 年、女满 25 年。职工跨统筹地区就业，其基本医疗保险关系随本人转移，缴费年限累计计算。

26 哪些费用可以从基本医疗保险基金中支付?

职工参加基本医疗保险后，并不是所有看病的费用都从基本医疗保险基金中支出，只有以下费用才可以从基本医疗保险基金中支出：

（1）符合基本医疗保险药品目录的医疗费用。基本医疗保险药品目录由国家人力资源和社会保障部制定并公布，各地允许结合本地区的实际情况有适当调整。截止到 2021 年 11 月，最新的基本医疗保险药品目录是人力资源和社会保障部公布的《国家基本医疗保险、工伤保险和生育保险药品目录（2020 年)》。

(2) 符合诊疗项目的医疗费用。《关于城镇职工基本医疗保险诊疗项目管理的意见》规定，基本医疗保险诊疗项目是指符合以下条件的各种医疗技术劳务项目和采用医疗仪器、设备与医用材料进行的诊断、治疗项目：临床诊疗必需、安全有效、费用适宜的诊疗项目；由物价部门制定了收费标准的诊疗项目；由定点医疗机构为参保职工提供的定点医疗服务范围内的诊疗项目。

(3) 符合医疗服务设施标准的医疗费用。《关于确定城镇职工基本医疗保险医疗服务设施范围和支付标准的意见》规定，基本医疗保险医疗服务设施是指由定点医疗机构提供的，参保职工在接受诊断、治疗和护理过程中必需的生活服务设施。主要包括住院床位费及门诊留观床位费。对已包含在住院床位费或门诊留观床位费中的日常生活用品、院内运输用品和水电等费用，基本医疗保险基金不另行支付，定点医疗机构也不得再向参保职工单独收费。

(4) 符合急诊、抢救的医疗费用。参保人员在协议医疗机构发生的医疗费用，符合基本医疗保险药品目录、诊疗项目、医疗服务设施标准的，按照国家规定从基本医疗保险基金中支付。参保人员确需急诊、抢救的，可以在非协议医疗机构就医；因抢救必须使用的药品可以适当放宽范围。参保人员急诊、抢救的医疗服务具体管理办法由统筹地区根据当地实际情况制定。

27 参保职工如何结算医疗费用?

参保职工医疗费用中应当由基本医疗保险基金支付的部分，由社会保险经办机构与医疗机构、药品经营单位直接结算。社会保险行政部门和卫生行政部门应当建立异地就医医疗费用结算制度，方便参保人员享受基本医疗保险待遇。

参保人员医疗费用中应当由基本医疗保险基金支付的部分，由社保经办机构与医疗机构、药品经营单位直接结算。

28 基本医疗保险医疗费用能够异地结算吗?

异地就医报销医疗费难是异地就医难的一个重要原因。我国《社会保险法》明确规定，社会保险行政部门和卫生行政部门应当建立异地就医医疗费用结算制度，方便参保人员享受基本医疗保险待遇。2016 年 12 月，《人力资源社会保障部、财政部关于做好基本医疗保险跨省异地就医住院医疗费用直接结算工作的通知》，安排了工作进度和异地报销流程；同月，人社部发布《关于加快推进跨省异地就医结算系统建设的通知》，组织建设跨省异地就医结算系统。2021 年 7 月 16 日，国家医疗保障局发布《关于优化医保领域便民服务的意见》（以下简称《意见》）。《意见》提出，加快推进基本医保跨省异地就医直接结算，实现全国统一的异地就医备案，扩大异地就医直接结算范围。2021 年底前，各省份 60% 以上的县至少有 1 家普通门诊费用跨省联网医疗机构，各统筹地区基本实现普通门诊费用跨省直接结算；2022 年底前，每个县至少有 1 家定点医疗机构能够提供包括门诊费用在内的医疗费用跨省直接结算服务。

29 哪些医疗费用不纳入基本医疗保险基金支付范围?

根据有关规定，下列医疗费用不属于基本医疗保险基金支付范围：

（1）应当从工伤保险基金中支付的。虽然职工参加了基本医疗保险，但如果是在工作时间和工作地点因工作原因受伤，属于工伤的，那么因此发生的医疗费用应当从工伤保险基金中支付，不再从基本医疗保险基金中支付。

（2）应当由第三人负担的。如果因为第三人的原因而导致病情的发生，依法应当由第三人负担的医疗保险费用，不从医疗保险基金中支付。医疗费用依法应当由第三人负担，第三人拒不支付或者无法确定第三人的，由基本医疗保险基金先行支付；基本医疗保险基金先行支付后，有权向第三人追偿。

（3）应当由公共卫生负担的。职工虽然参加了基本医疗保险，但如果属于应当由公共卫生负担的费用，如女职工生育的费用，就不从基本医疗保险基金中支出。

（4）在境外就医的。虽然参加了基本医疗保险，但如果在境外地区看病发生的医疗费用，均不能从基本医疗保险基金中支付，包括在中国香港、中国澳门、中国台湾地区发生的费用也不能从医疗保险基金中支出。

30 职工基本医疗保险关系能跨地区转移吗?

《流动就业人员基本医疗保障关系转移接续暂行办法》第六条、第七条规定，职工基本医疗保险关系能跨地区转移。

（1）基本医疗保险参保职工跨统筹地区流动就业，新就业地有接收单位的，由单位按照《社会保险登记管理暂行办法》的规定办理登记手续，参加新就业地职工基本医疗保险；无接收单位的，个人应在中止原基本医疗保险关系后的 3 个月内到新就业地社会保险经办机构办理登记手续，按当地规定参加城镇职工基本医疗保险或城镇居民基本医疗保险。

（2）基本医疗保险参保职工跨统筹地区流动就业并

参加新就业地基本医疗保险的，由新就业地社会保险经办机构通知原就业地社会保险经办机构办理转移手续，不再享受原就业地基本医疗保险待遇。

(3) 医疗账户个人余额可转移。职工参加基本医疗保险，建立了个人账户的，个人账户原则上随其医疗保险关系转移划转，个人账户余额（包括个人缴费部分和单位缴费划入部分）通过社会保险经办机构转移。

31 什么是工伤保险？哪些人应参加工伤保险？

工伤保险是国家和社会为在生产、工作中遭受事故伤害和患职业性疾病的劳动者及其亲属提供医疗救治、生活保障、经济补偿和职业康复等物质帮助的一种社会保障制度。

所有与企业、事业单位、社会团体、民办非企业单位、基金会、律师事务所、会计师事务所等组织和有雇工的个体工商户建立了劳动关系的职工都应当参加工伤保险，用人单位应当为本单位全部职工或者雇工缴纳工伤保险费。

32 工伤保险需要由职工缴纳费用吗？

工伤保险费用全部由用人单位负担，职工个人不需要承担缴纳工伤保险费的义务。由用人单位缴纳工伤保险费用是工伤保险与养老保险、医疗保险等其他社会保险的重要区别。职工在为用人单位创造经济效益的同时，承担着职业伤害的风险。在劳动生产过程中发生工伤事故，职工遭受职业伤害时，应当由用人单位对这种职业伤害给予经济补偿。国家根据不同行业的工伤风险程度确定行业的差别费率，并根据使用工伤保险基金、工伤发生率等情况在每个行业内确定费率档次。行业差别费率和行业内费率档次由国务院社会保险行政部门制定，报国务院批准后公布施行。社会保险经办机构根据用人单位使用工伤保险基金、工伤发生率和所属行业费率档次等情况，确定用人单位缴费费率。

缴纳了工伤保险费用的用人单位，其工伤费用绝大部分由工伤保险基金支付；未缴纳工伤保险费用的，其工伤保险费用全部由本单位承担。

33 发生事故后，为什么要申请工伤认定和劳动能力鉴定?

职工因工作原因受到事故伤害或者患职业病，并经工伤认定的，才可以享受工伤保险待遇。工伤认定是受到事故伤害或患职业病职工享受工伤保险待遇的前提。

工伤职工经治疗伤情相对稳定后存在残疾，影响劳动能力的，应当进行劳动能力鉴定。劳动能力鉴定是职工享受伤残待遇的必经程序，工伤职工根据劳动能力鉴定确定伤残等级的，可以享受相应的伤残待遇。

34 哪些情形应被认定为工伤或视同工伤?

根据《工伤保险条例》规定，以下情形应当认定为工伤：

（1）在工作时间和工作场所内，因工作原因受到事故伤害的；

（2）工作时间前后在工作场所内，从事与工作有关的预备性或者收尾性工作受到事故伤害的；

（3）在工作时间和工作场所内，因履行工作职责受到暴力等意外伤害的；

（4）患职业病的；

（5）因工外出期间，由于工作原因受到伤害或者发生事故下落不明的；

（6）在上下班途中，受到非本人主要责任的交通事故或者城市轨道交通、客运轮渡、火车事故伤害的；

（7）法律、行政法规规定应当认定为工伤的其他情形。

职工有下列情形之一的，视同工伤：

（1）在工作时间和工作岗位，突发疾病死亡或者在

48 小时之内经抢救无效死亡的；

（2）在抢险救灾等维护国家利益、公共利益活动中受到伤害的；

（3）职工原在军队服役，因战、因公负伤致残，已取得革命伤残军人证，到用人单位后旧伤复发的。

职工有第（1）项、第（2）项情形的，按照有关规定享受工伤保险待遇；职工有第（3）项情形的，按照有关规定享受除一次性伤残补助金以外的工伤保险待遇。

35 职工在哪些情形下死亡的不能认定为工伤？

职工因下列情形之一导致本人在工作中伤亡的，不得认定为工伤或者视同工伤：

（1）故意犯罪的；

（2）醉酒或者吸毒的；

（3）自残或者自杀的。

（4）法律、行政法规规定的其他情形。

36 申请工伤认定需要提交哪些材料？

提出工伤认定申请应当提交以下材料：

（1）工伤认定申请表。一般在申请工伤认定的社会保险行政部门领取填写，申请表应当包括事故发生的时间、地点、原因以及职工伤害程度等基本情况；

（2）与用人单位存在劳动关系（包括事实劳动关系）的证明材料，如劳动合同、就业证等。如果没有与用人单位签订书面劳动合同，应该提交能够证明和单位之间存在劳动关系的其他证明，如工作证、工卡、工资条、社会保险缴交记录证明等；

（3）医疗诊断证明或者职业病诊断证明书（或者职业病诊断鉴定书）。注意，必须是当地人力资源和社会保障部门指定的医疗机构开具的医疗诊断书或者职业病诊断书；

（4）职工本人的身份证明材料。

工伤认定申请人提交材料不完整的，社会保险行政部门应当一次性书面告知工伤认定申请人需要补正的全部材料。申请人按照书面告知要求补正材料后，社会保险行政部门应当受理。

37 患有职业病的职工如何进行工伤认定?

职业病是指企业、事业单位和个体经济组织的劳动者在职业活动中，因接触粉尘、放射性物质和其他有毒、有害物质等因素而引起的疾病。职业病诊断和诊断争议的鉴定，依照《中华人民共和国职业病防治法》（以下简称《职业病防治法》）的有关规定执行。职工按照《职业病防治法》规定被诊断、鉴定为职业病，所在单位应当自被诊断、鉴定为职业病之日起 30 日内，向统筹地区社会保险行政部门提出工伤认定申请。遇有特殊情况，经报社会保险行政部门同意，申请时限可以适当延长。其他情形工伤认定应当自事故发生之日起 30 日内，向统筹地区社会保险行政部门提出工伤认定申请。

用人单位未按规定提出工伤认定申请的，职业病职工或者其近亲属、工会组织在被诊断、鉴定为职业病之日起 1 年内，可直接向用人单位所在地统筹地区社会保险行政部门提出工伤认定申请。

依法应当由省级社会保险行政部门进行工伤认定的事项，根据属地原则由用人单位所在地设区的市级社会保险行政部门办理。

用人单位未在规定的时限内提交工伤认定申请，在此期间发生符合规定的工伤待遇等有关费用由该用人单位负担。

38 什么是劳动能力鉴定？如何申请劳动能力鉴定？

劳动能力鉴定是指劳动者因工或非因工负伤以及患病后，劳动鉴定机构根据国家鉴定标准，运用有关政策和医学科学技术的方法、手段确定劳动功能障碍程度和生活自理障碍程度的一种综合等级评定。它是给予受伤职工保险待遇的基础和前提条件，也是工伤保险管理工作的重要内容。

劳动功能障碍分为十个伤残等级，最重的为一级，最轻的为十级。生活自理障碍分为三个等级：生活完全不能自理、生活大部分不能自理和生活部分不能自理。劳动能力鉴定标准由国务院社会保险行政部门会同国务院卫生行政部门等部门制定。

劳动能力鉴定由用人单位、工伤职工或者其近亲属向设区的市级劳动能力鉴定委员会提出申请，并提供工伤认定决定和职工工伤医疗的有关资料。申请劳动能力鉴定，需要提交以下材料：

（1）职业病劳动能力鉴定表；

（2）被鉴定人身份证明材料及复印件；

（3）被鉴定人的照片；

（4）用人单位及个人劳动能力鉴定申请报告；

（5）医疗机构作出的医疗终结结论；

（6）劳动能力鉴定费用。

39 如果职工对劳动能力鉴定委员会作出的鉴定结论不服怎么办？

工伤职工对设区的市级劳动能力鉴定委员会作出的

鉴定结论不服的，可以在收到该鉴定结论之日起15日内向省、自治区、直辖市劳动能力鉴定委员会提出再次鉴定申请。省、自治区、直辖市劳动能力鉴定委员会作出的劳动能力鉴定结论为最终结论。

40 哪些工伤费用由工伤保险基金支付？

因工伤发生的以下费用应从工伤保险基金中支付：

（1）治疗工伤的医疗费用和康复费用；

（2）住院伙食补助费；

（3）到统筹地区以外就医的交通食宿费；

（4）安装配置伤残辅助器具所需费用；

（5）生活不能自理的，经劳动能力鉴定委员会确认的生活护理费；

（6）一次性伤残补助金和一级至四级伤残职工按月领取的伤残津贴；

（7）终止或者解除劳动合同时，应当享受的一次性医疗补助金；

（8）因工死亡的，其遗属领取的丧葬补助金、供养亲属抚恤金和因工死亡补助金；

（9）劳动能力鉴定费。

41 职工发生工伤后，用人单位应当支付哪些工伤保险待遇?

因工伤发生的以下费用由用人单位支付:

（1）停工留薪期内的工资福利;

（2）工伤治疗期内的护理费;

（3）五级、六级伤残职工按月领取的伤残津贴;

（4）终止或者解除劳动合同时，职工应当享受的一次性伤残就业补助金。

42 用人单位未缴纳工伤保险费或者第三人不支付工伤医疗费用的，职工如何享受工伤保险待遇?

职工所在用人单位未依法缴纳工伤保险费，发生工伤事故的，由用人单位支付工伤保险待遇。用人单位不支付的，从工伤保险基金中先行支付，并由用人单位偿还。用人单位不偿还的，社会保险经办机构依照《社会保险法》第六十三条的规定追偿。

由于第三人的原因造成工伤，第三人不支付工伤医疗费用或者无法确定第三人的，由工伤保险基金先行支付，社会保险经办机构有权向第三人追偿。

43 职工因工死亡的，其近亲属有哪些待遇？

职工因工死亡，其近亲属按照下列规定从工伤保险基金领取丧葬补助金、供养亲属抚恤金和一次性工亡补助金：

（1）丧葬补助金为6个月的统筹地区上年度职工月平均工资。

（2）供养亲属抚恤金按照职工本人工资的一定比例发给由因工死亡职工生前提供主要生活来源、无劳动能力的亲属。标准为：配偶每月40%，其他亲属每人每月30%，孤寡老人或者孤儿每人每月在上述标准的基础上增加10%。核定的各供养亲属的抚恤金之和不应高于因工死亡职工生前的工资。供养亲属的具体范围由国务院劳动保障行政部门规定。

（3）一次性工亡补助金标准为上一年度全国城镇居民人均可支配收入的20倍。

44 什么叫失业保险？哪些人应当参加失业保险？

失业保险是国家通过立法强制缴费建立基金，对因失业而暂时中断生活来源的劳动者提供物质帮助的社会保险制度。它是社会保障体系的重要组成部分，是社会保险的主要项目之一。

目前，除公务员和参照公务员法管理的工作人员外，所有用人单位职工都要参加失业保险。职工在与用人单位解除或终止劳动关系后，只要符合条件，都有享受失业保险待遇的权利。

45 失业保险费用由谁承担?

职工应当参加失业保险，由用人单位和职工共同缴纳失业保险费。2015 年 2 月 25 日，国务院总理李克强主持召开国务院常务会议，确定将失业保险费率由现行条例规定的 3% 统一降至 2%。2017 年 2 月，《人力资源社会保障部、财政部关于阶段性降低失业保险费率有关问题的通知》明确失业保险的总费率为 1%，用人单位与职工分担的比例各地并不统一，北京市规定用人单位与职工的比例各为 0.5%，青岛规定用人单位缴费 0.7%、职工缴费 0.3%。

46 职工在什么情况下可以领取失业保险金?

并不是所有参加了失业保险的职工在失业后就可以领取失业保险金，失业职工符合以下条件的，才可以从失业保险基金中领取失业保险金：

（1）失业前用人单位和本人已经缴纳失业保险费满1年的。这是强制性条件。

（2）非因本人意愿中断就业的。如果职工因为本人原因中断就业、主动辞职，就不能领取失业保险金。

（3）已经进行失业登记，并有求职要求的。如果没有求职意愿，经政府相关机构介绍工作也拒绝工作的，将不能领取失业保险金。

失业人员符合《社会保险法》第四十五条规定条件的，可以申请领取失业保险金并享受其他失业保险待遇。其中，非因本人意愿中断就业包括下列情形：（1）依照《劳动合同法》第四十四条第一项、第四项、第五项规定终止劳动合同的；（2）由用人单位依照《劳动合同法》第三十九条、第四十条、第四十一条规定解除劳动合同的；（3）用人单位依照《劳动合同法》第三十六条规定向劳动者提出解除劳动合同并与劳动者协商一致解除劳动合同的；（4）由用人单位提出解除聘用合同或者被用人单位辞退、除名、开除的；（5）劳动者本人依照《劳动合同法》第三十八条规定解除劳动合同的；（6）法律、法规、规章规定的其他情形。

47 失业保险能领取多长时间?

失业保险只是保障职工在失业时临时给予救济，如果职工失业后一直找不到工作，不能一直领取失业保险金。根据职工失业前缴费时间不一，领取失业保险金的期限也不一。失业职工失业前用人单位和本人累计缴费满 1 年不足 5 年的，领取失业保险金的期限最长为 12 个月；累计缴费满 5 年不足 10 年的，领取失业保险金的期限最长为 18 个月；累计缴费 10 年以上的，领取失业保险金的期限最长为 24 个月。重新就业后，再次失业的，缴费时间重新计算，领取失业保险金的期限与前次失业应当领取而尚未领取的失业保险金的期限合并计算，最长不超过 24 个月。

失业保险金的标准，由省、自治区、直辖市人民政府确定，不得低于城市居民最低生活保障标准。

48 失业职工领取失业保险金时，还需要参加基本医疗保险吗?

失业职工在领取失业保险金期间，可以参加职工基本医疗保险，享受基本医疗保险待遇。失业职工应当缴纳的基本医疗保险费从失业保险基金中支付，个人不缴纳基本医疗保险费。

49 失业职工在领取失业保险金期间死亡的，其遗属能享受什么待遇？

失业人员在领取失业保险金期间死亡的，参照当地对在职职工死亡的规定，由失业保险基金向其遗属发给一次性丧葬补助金和抚恤金。个人死亡同时符合领取基本养老保险丧葬补助金、工伤保险丧葬补助金和失业保险丧葬补助金条件的，其遗属只能选择领取其中一项。

50 失业职工如何办理失业登记？

职工失业后，办理失业登记需要经过如下程序：

（1）用人单位通知社会保险经办机构。职工与用人单位解除或者终止劳动关系，用人单位应当及时为其出具终止或解除劳动关系的证明；用人单位将失业职工名单自终止或解除劳动关系之日起 15 日内告知社会保险经办机构。

（2）失业职工到公共就业服务机构办理失业登记。失业职工应当持本单位为其出具的终止或解除劳动关系的证明，及时到指定的公共就业服务机构办理失业登记。

（3）到社会保险经办机构办理领取失业保险金的手

续。失业职工凭失业登记证明和个人身份证明到社会保险经办机构办理领取失业保险金的手续。失业保险金领取期限自办理失业登记之日起计算。

51 职工重新就业后，没有超过领取失业保险金的最长时间的，还能继续领取失业保险金吗？

失业保险金只是保障职工在失业的时候临时获得的生活保障，如果职工重新就业，已经有了生活来源，即使没有超过领取失业保险金的最长时间，也不能继续领取失业保险金了。失业职工领取失业保险金后重新就业的，再次就业时，缴费时间重新计算。但失业职工因当期不符合失业保险金领取条件的，原有缴费时间予以保留，重新就业并参保的，缴费时间累计计算。

52 在什么情况下失业职工停止领取失业保险金？

失业职工在领取失业保险金期间有下列情形之一的，停止领取失业保险金，并同时停止享受其他失业保险待遇：

（1）重新就业的；

（2）应征服兵役的；

（3）移居境外的；

（4）享受基本养老保险待遇的；

（5）无正当理由，拒不接受当地人民政府指定部门或者机构介绍的适当工作或者提供的培训的。

53 职工跨地区就业的，失业保险关系能转移吗？

职工跨地区就业的，失业保险关系可以转移，之前的缴费年限累计计算。根据这一规定，职工跨统筹地区就业后，原失业保险关系所在地的社会保险经办机构应当按照规定将其失业保险关系转至迁入地，迁入地的社会保险经办机构应当接收，并办理接续手续。

54 什么是生育保险？

生育保险是国家通过立法，在怀孕和分娩的妇女劳动者或男性职工的未就业配偶暂时中断劳动时，由国家和社会提供医疗服务、生育津贴和产假津贴的一种社会保险制度。国家或社会对生育的职工给予必要的经济补偿和医疗保健的社会保险制度，旨在保障生育女职工因生育而暂时丧失劳动能力时的基本经济收入和医疗保健，帮助生育女职工恢复劳动能力，重返工作岗位，从而体现国家和社会对妇女给予的支持和爱护。

55 哪些人应参加生育保险？如何缴费？

职工应当参加生育保险。生育保险费由用人单位缴纳，职工个人不缴费。生育保险根据“以支定收，收支基本平衡”的原则筹集资金，由企业按照其工资总额的一定比例向社会保险经办机构缴纳生育保险费，建立生育保险基金。按照国务院办公厅 2019 年 3 月印发的《关于全面推进生育保险和职工基本医疗保险合并实施的意见》，2019 年底生育保险和职工基本医疗保险合并实施，用人单位不再单独缴纳生育保险费用。

56 丈夫缴纳了生育保险，而妻子没有缴纳生育保险，能否享受生育保险待遇？

用人单位已经缴纳了生育保险费，如果职工是女职工，则其生育的时候可以享受生育保险待遇；如果是男职工，其妻子没有工作，可以从丈夫所在单位享受生育保险待遇。所以，丈夫单位缴纳生育保险，妻子没有工作生小孩的，可以享受生育保险待遇，但必须同时具备以下条件：丈夫所在单位缴纳了生育保险和妻子没有工作。

57 生育保险待遇包括哪些费用?

生育保险待遇主要包括两部分:

(1) 生育医疗费用。生育医疗费用是指女职工因为生育而花费的医疗费用。

(2) 生育津贴。生育津贴是指因为女职工生育而给女职工发放的各种津贴。

所有的生育保险待遇费用都从生育保险基金中支付。

58 生育医疗费用主要包括哪些?

生育医疗费用主要包括以下费用:

(1) 生育的医疗费用。生育医疗费用包括女职工因怀孕、生育发生的医疗检查费、接生费、手术费、住院费和药品费。

(2) 计划生育的医疗费用。计划生育医疗费用包括职工因计划生育实施放置(取出)宫内节育器、流产术、引产术、绝育及复通手术所发生的医疗费用。

(3) 法律、法规规定的其他项目费用。

59 职工在哪些情形下可以享受生育津贴?

职工有下列情形之一的，可以按照国家规定享受生育津贴：

（1）女职工生育享受产假。女职工生育享受98天产假，其中产前可以休假15天；难产的，增加产假15天；生育多胞胎的，每多生育1个婴儿，增加产假15天。女职工怀孕未满4个月流产的，享受15天产假；怀孕满4个月流产的，享受42天产假。

（2）享受计划生育手术休假。如果因为做计划生育手术而休假，其休假期间可以享受生育津贴。

（3）法律、法规规定的其他情形。

60 生育津贴按什么标准发放?

生育津贴并不是按照职工本人工资的标准进行发放，而是按照职工所在用人单位上年度职工月平均工资发放。所以，如果在同一个用人单位，同一个年度生育小孩，即使工资差别很大，生育津贴也是一样的。

61 职工个人也要申请办理社会保险登记吗？

如果职工与用人单位建立了劳动关系，由用人单位办理个人社会保险登记。用人单位应当自用工之日起30日内为其职工向社会保险经办机构申请办理社会保险登记。未办理社会保险登记的，由社会保险经办机构核定其应当缴纳的社会保险费。自愿参加社会保险的无雇工的个体工商户、未在用人单位参加社会保险的非全日制从业人员以及其他灵活就业人员，需要本人向社会保险经办机构申请办理社会保险登记。

62 用人单位应当在什么期间内为职工办理社会保险登记？

用人单位必须自用工之日起30日内为其职工向社会保险经办机构申请办理社会保险登记。如果用人单位超过30日仍没有为职工办理社会保险，根据《劳动合同法》第三十八条的规定，用人单位未依法为劳动者缴纳社会保险的，劳动者有权解除劳动合同并要求支付经济补偿。如果职工投诉举报用人单位未依法为劳动者缴纳社会保险，社会保险经办机构经核实情况属实，有权核定该单位应当缴纳的社会保险费。

63 职工有权了解社会保险费用明细吗?

用人单位应当自行申报、按时足额缴纳社会保险费，并按月将社会保险费用明细告知职工，职工也有权了解本人的社会保险费用明细。

无雇工的个体工商户、未在用人单位参加社会保险的非全日制从业人员以及其他灵活就业人员，可以直接向社会保险费征收机构缴纳社会保险费。社会保险费征收机构应当依法按时足额征收社会保险费，并将缴费情况定期告知用人单位和个人。

64 如果用人单位未按时足额缴纳社会保险费，职工投诉举报后，社会保险费征收机构怎么办?

如果用人单位未按时足额缴纳社会保险费，职工可以向当地社会保险费征收机构投诉举报。对于用人单位未按时足额缴纳社会保险费的，社会保险费征收机构可以采取如下强制措施：

(1) 责令限期缴纳或者补足。用人单位未按时足额缴纳社会保险费的，社会保险费征收机构可以责令其限期缴纳或者补足。

（2）向银行或者其他金融机构查询存款账户。如果用人单位在社会保险费征收机构指定日期内没有缴纳或者补足，社会保险费征收机构可以向银行和其他金融机构查询其存款账户。

（3）申请强制划拨社会保险费。在查询到用人单位的存款情况后，社会保险费征收机构可以向县级以上行政部门申请作出划拨社会保险费的决定，并书面通知用人单位开户银行或者其他金融机构在其账户中划扣社会保险费。

（4）要求用人单位提供担保，签订延期缴费协议。如果用人单位账户里的余额少于用人单位应当缴纳的社会保险费，社会保险费征收机构可以要求用人单位提供担保，签订延期缴费协议，用人单位承诺定期还款。用人单位提供担保并与社会保险费征收机构签订缓缴纳协议的，免收缓缴期间的滞纳金。

（5）申请人民法院强制扣押、查封财产。如果用人单位账户既没有足额缴纳社会保险费也没有提供担保，社会保险费征收机构可以直接向人民法院申请扣押、查封、拍卖其价值相当于应当缴纳的社会保险费用的财产，以抵缴社会保险费。

65 我国社会保险基金主要包括哪些?

我国社会保险基金主要包括基本养老保险基金、基本医疗保险基金、工伤保险基金、失业保险基金和生育保险基金，使职工在年老、生病、因工作受伤、失业、生育时获得国家救助。社会保险基金采取统筹方式。所谓统筹，就是在社会范围内对社会保险基金的来源和用途作出统一的规定、计划和安排，以发挥社会保险的功能，促进保险基金的保值和增值的一种基金管理制度或基金管理方式。目前，我国社会保险基金还没有做到全国一致，各地区之间还存在一些差别。

66 社会保险基金的管理应遵循哪些原则?

社会保险基金是参保人的“保命钱”，是社会保险制度的物质基础。国家要求，各项社会保险基金按照社会保险险种分别建账，分账核算，执行国家统一的会计制度。社会保险经办机构应当定期向社会公布参加社会保险情况以及社会保险基金的收入、支出、结余和收益情况。社会保险基金存入财政专户，专款专用，任何组织和个人不得侵占或者挪用。基本养老保险基金逐步实行全国统筹，其他社会保险基金逐步实行省级统筹。社会保险基金预算、决算草案的编制、审核和批准，依照法律和国务院规定执行。

67 当我国社会保险基金出现不足时，由什么部门给予补贴?

社会保险基金通过预算实现收支平衡，社会保险基金在保证安全的情况下，可以投资，实现保值增值。但当社会保险基金出现不足时，由县级以上人民政府给予补贴。

68 社会保险基金不能用于哪些用途?

为了保证社会保险基金的安全，社会保险基金不得用于下列用途：

（1）违规投资运营。违规投资运营将严重影响社会保险基金的安全，我国《社会保险法》严令禁止将社会保险基金违规投资运营。将社会保险基金违规投资运营的，由社会保险行政部门、财政部门、审计机关责令追回；有违法所得的，没收违法所得；对直接负责的主管人员和其他直接责任人员依法给予处分。

（2）平衡其他政府预算。

（3）兴建、改建办公场所。

（4）支付人员经费、运行费用、管理费用。社会保险经办机构的人员经费和经办社会保险发生的基本运行费用、管理费用，由同级财政按照国家规定予以保障。

（5）违反法律、行政法规规定挪作其他用途。

69 全国社会保障基金和社会保险基金是不是一回事？

全国社会保障基金不同于社会保险基金，二者相互独立，其设立目的、资金来源、支付用途和运营方式等方面均不相同。全国社会保障基金是国家为应对人口老龄化高峰时期社会保障的需要专门设立的，由中央财政预算拨款以及国务院批准的其他方式筹集的资金构成，用于社会保障支出的补充、调剂。全国社会保障基金由全国社会保障基金管理运营机构负责管理运营，在保证安全的前提下实现保值增值。全国社会保障基金应当定期向社会公布收支、管理和投资运营的情况。国务院财政部门、社会保险行政部门、审计机关对全国社会保障基金的收支、管理和投资运营情况实施监督。

70 社会保险经办机构有哪些职责？

社会保险经办机构是社会保险服务机构，是社会保险业务的具体实施者，其主要职责包括：为参保人员实施社会保险登记，建立档案，完整、准确地记录并保存用人单位及个人的缴费情况和个人享受社会保险待遇的权益；免费为用人单位和个人提供社会保险有关咨询服务，支付社会保险待遇。

71 我国社会保险经办机构是如何设置的？其经费保障如何？

我国的社会保险经办机构是人力资源和社会保障部所属的事业单位，其主要负责贯彻实施国家有关社会保险法规与政策，创办具体业务管理服务工作。社会保险经办机构由统筹地区设立，根据工作需要并经所在地的社会保险行政部门和机构编制管理机关批准，可以在本统筹地区设立分支机构和服务网点。社会保险经办机构的人员经费和经办社会保险发生的基本运行费用、管理费用，由同级财政按照国家规定予以保障。社会保险经办机构应当建立健全业务、财务、安全和风险管理制度。

72 社会保险经办机构如何收集有关社会保险数据？

社会保险经办机构通过业务经办、统计、调查获取社会保险工作所需的数据，有关单位和个人应当及时、如实提供。社会保险经办机构应当及时为用人单位建立档案，完整、准确地记录参加社会保险的人员、缴费等社会保险数据，妥善保管登记、申报的原始凭证和支付结算的会计凭证。社会保险经办机构应当及时、完整、准确地记录参加社会保险的个人缴费和用人单位为其缴费，以及享受社会保险待遇等个人权益记录，定期将个人权益记录单免费寄送本人。同时，社会保险行政部门、社会保险经办机构及其工作人员应当依法为用人单位和个人的信息保密，不得违法向他人泄露下列信息：（1）涉及用人单位商业秘密或者公开后可能损害用人单位合法利益的信息；（2）涉及个人权益的信息。

73 用人单位未按月将缴纳社会保险费的明细告知职工本人的，将承担什么法律后果？

用人单位未按月将缴纳社会保险费的明细情况告知职工本人的，由社会保险行政部门责令改正；逾期不改的，社会保险行政部门可以依据《劳动保障监察条例》的相关规定，对用人单位处以 2000 元以上 2 万元以下的罚款。

74 职工可以向社会保险经办机构查询、核对其缴费和领取社会保险待遇记录吗？

我国法律规定，社会保险经办机构应当及时、完整、准确地记录参加社会保险的个人缴费和用人单位为其缴费、领取社会保险待遇等权益记录，定期将个人权益记录单免费寄送本人。职工和用人单位都可以向社会保险经办机构查询、核对其缴费和领取社会保险待遇记录，也可以要求社会保险经办机构提供社会保险咨询等相关服务。社会保险经办机构对以上服务不能以任何理由收取相关费用。

75 社会保险行政部门在实施社会保险监督检查时有权采取哪些措施？

社会保险行政部门对社会保险基金实施监督检查，有权采取下列措施：

（1）查阅、记录、复制与社会保险基金收支、管理和投资运营相关的资料，对可能被转移、隐匿或者灭失的资料予以封存。

（2）询问与调查事项有关的单位和个人，要求其对与调查事项有关的问题作出说明、提供有关证明材料；

对于社会保险行政部门的调查及要求，任何用人单位和个人必须配合，不得拒绝。

（3）对隐匿、转移、侵占、挪用社会保险基金的行为予以制止并责令改正。

76 职工个人是否有权对社会保险进行监督？

任何组织或者个人有权对违反社会保险法律、法规的行为进行举报、投诉。社会保险行政部门、卫生行政部门、社会保险经办机构、社会保险费征收机构和财政部门、审计机关对属于本部门、本机构职责范围的举报、投诉，应当依法处理；对不属于本部门、本机构职责范围的，应当书面通知并移交有权处理的部门、机构处理。有权处理的部门、机构应当及时处理，不得推诿。

77 如果社会保险费征收机构侵害职工权益，职工怎么办？

如果职工认为社会保险费征收机构的行为侵害了自己的合法权益，有两种途径可选择：

（1）申请行政复议。职工认为社会保险费征收机构的行为侵害其合法权益时，可以自知道该具体行为之日起 60 日内提出行政复议申请；因不可抗力或者其他正当理由耽误法定申请期限的，申请期限自障碍消除之日起继续计算。

（2）提起行政诉讼。职工对复议不服的可以提起行政诉讼，也可以直接提起行政诉讼。职工应当在知道社会保险费征收机构作出具体行政行为之日起 3 个月内向人民法院提起诉讼；因不可抗力或者其他特殊情况耽误法定期限的，在障碍消除后的 10 日内，可以申请延长期限，由人民法院决定。

78 职工与用人单位就社会保险发生争议的怎么办?

职工与用人单位就社会保险缴费基数发生争议时，职工可以依法申请劳动争议仲裁，对劳动仲裁结果不服的，可以提起诉讼，也可以申请调解。职工认为用人单位有未按时足额为其缴纳社会保险费等侵害其社会保险权益行为的，可以要求社会保险行政部门或者社会保险费征收机构依法处理。在处理过程中，用人单位对双方的劳动关系提出异议的，社会保险行政部门应当在查明相关事实后依法处理。

79 职工骗取社会保险待遇的要承担什么法律后果?

职工以欺诈、伪造证明材料或者其他手段骗取社会保险待遇的，将受到如下处罚:

(1) 退回骗取的社会保险金。对于骗取的社会保险金，由社会保险行政部门责令退回。

(2) 处以罚款。社会保险行政部门对于骗取社会保险待遇的职工，处以骗取金额 2 倍以上 5 倍以下的罚款。如骗取社会保险金 1000 元，就可能被处以 2000 元以上 5000 元以下的罚款。

(3) 构成犯罪的，追究刑事责任。骗取的社会保险待遇涉及金额较大构成犯罪的，将被追究刑事责任。

80 如果社会保险费征收机构多收或者少收社会保险费怎么办?

如果由于社会保险费征收机构擅自更改社会保险基数、保险费率，而导致少收或者多收社会保险费的，将有如下后果:

(1) 补缴或者退还相应的社会保险费。如果社会保险费征收机构少收了社会保险费，则由有关主管部门责令其追缴应当缴纳的社会保险费。如果社会保险费征收机构多收了社会保险费，则由有关主管部门责令其退还不应缴纳的社会保险费。

（2）对于直接负责的主管人员和其他直接责任人员依法给予处分。

附　录

实施《中华人民共和国社会保险法》若干规定

（2011 年 6 月 29 日人力资源和社会保障部令第 13 号公布）

为了实施《中华人民共和国社会保险法》（以下简称社会保险法），制定本规定。

第一章　关于基本养老保险

第一条　社会保险法第十五条规定的统筹养老金，按照国务院规定的基础养老金计发办法计发。

第二条　参加职工基本养老保险的个人达到法定退休年龄时，累计缴费不足十五年的，可以延长缴费至满十五年。社会保险法实施前参保、延长缴费五年后仍不足十五年的，可以一次性缴费至满十五年。

第三条　参加职工基本养老保险的个人达到法定退休年龄后，累计缴费不足十五年（含依照第二条规定延长缴费）的，可以申请转入户籍所在地新型农村社会养老保险或者城镇居民社会养老保险，享受相应的养老保险待遇。

参加职工基本养老保险的个人达到法定退休年龄后，累计缴费不足十五年（含依照第二条规定延长缴费），且未转入新型农村社会养老保险或者城镇居民社会养老保险的，个人可以书面申请终止职工基本养老保险关系。社会保险经办机构收到申请后，应当书面告知其转入新型农村社会养老保险或者城镇居民社会养老保险的权利以及终止职工基本养老保险关系的后果，经本人书面确认后，终止其职工基本养老保险关系，并将个人账户储存额一次性支付给本人。

第四条 参加职工基本养老保险的个人跨省流动就业，达到法定退休年龄时累计缴费不足十五年的，按照《国务院办公厅关于转发人力资源社会保障部财政部城镇企业职工基本养老保险关系转移接续暂行办法的通知》（国办发〔2009〕66号）有关待遇领取地的规定确定继续缴费地后，按照本规定第二条办理。

第五条 参加职工基本养老保险的个人跨省流动就业，符合按月领取基本养老金条件时，基本养老金分段计算、统一支付的具体办法，按照《国务院办公厅关于转发人力资源社会保障部财政部城镇企业职工基本养老保险关系转移接续暂行办法的通知》（国办发〔2009〕66号）执行。

第六条 职工基本养老保险个人账户不得提前支取。个人在达到法定的领取基本养老金条件前离境定居的，其个人账户予以保留，达到法定领取条件时，按照国家规定享受相应的养老保险待遇。其中，丧失中华人民共和国国籍的，可以在其离境时或者离境后书面申请终止职工基本养老保险关系。社会保险经办机构收到申请后，应当书面告知其保留个人账户的权利以及终止职工基本养老保险关系的后果，经本人书面确认后，终止其职工基本养老保险关系，并将个人账户储存额一次性支付给本人。

参加职工基本养老保险的个人死亡后，其个人账户中的余额可以全部依法继承。

第二章　关于基本医疗保险

第七条　社会保险法第二十七条规定的退休人员享受基本医疗保险待遇的缴费年限按照各地规定执行。

参加职工基本医疗保险的个人，基本医疗保险关系转移接续时，基本医疗保险缴费年限累计计算。

第八条　参保人员在协议医疗机构发生的医疗费用，符合基本医疗保险药品目录、诊疗项目、医疗服务设施标准的，按照国家规定从基本医疗保险基金中支付。

参保人员确需急诊、抢救的，可以在非协议医疗机构就医；因抢救必须使用的药品可以适当放宽范围。参保人员急诊、抢救的医疗服务具体管理办法由统筹地区根据当地实际情况制定。

第三章　关于工伤保险

第九条　职工（包括非全日制从业人员）在两个或者两个以上用人单位同时就业的，各用人单位应当分别为职工缴纳工伤保险费。职工发生工伤，由职工受到伤害时工作的单位依法承担工伤保险责任。

第十条　社会保险法第三十七条第二项中的醉酒标准，按照

《车辆驾驶人员血液、呼气酒精含量阈值与检验》(GB 19522—2004)执行。公安机关交通管理部门、医疗机构等有关单位依法出具的检测结论、诊断证明等材料，可以作为认定醉酒的依据。

第十一条　社会保险法第三十八条第八项中的因工死亡补助金是指《工伤保险条例》第三十九条的一次性工亡补助金，标准为工伤发生时上一年度全国城镇居民人均可支配收入的20倍。

上一年度全国城镇居民人均可支配收入以国家统计局公布的数据为准。

第十二条　社会保险法第三十九条第一项治疗工伤期间的工资福利，按照《工伤保险条例》第三十三条有关职工在停工留薪期内应当享受的工资福利和护理等待遇的规定执行。

第四章　关于失业保险

第十三条　失业人员符合社会保险法第四十五条规定条件的，可以申请领取失业保险金并享受其他失业保险待遇。其中，非因本人意愿中断就业包括下列情形：

（一）依照劳动合同法第四十四条第一项、第四项、第五项规定终止劳动合同的；

（二）由用人单位依照劳动合同法第三十九条、第四十条、第四十一条规定解除劳动合同的；

（三）用人单位依照劳动合同法第三十六条规定向劳动者提出解除劳动合同并与劳动者协商一致解除劳动合同的；

（四）由用人单位提出解除聘用合同或者被用人单位辞退、除名、开除的；

（五）劳动者本人依照劳动合同法第三十八条规定解除劳动合同的；

（六）法律、法规、规章规定的其他情形。

第十四条 失业人员领取失业保险金后重新就业的，再次失业时，缴费时间重新计算。失业人员因当期不符合失业保险金领取条件的，原有缴费时间予以保留，重新就业并参保的，缴费时间累计计算。

第十五条 失业人员在领取失业保险金期间，应当积极求职，接受职业介绍和职业培训。失业人员接受职业介绍、职业培训的补贴由失业保险基金按照规定支付。

第五章 关于基金管理和经办服务

第十六条 社会保险基金预算、决算草案的编制、审核和批准，依照《国务院关于试行社会保险基金预算的意见》（国发〔2010〕2号）的规定执行。

第十七条 社会保险经办机构应当每年至少一次将参保人员个人权益记录单通过邮寄方式寄送本人。同时，社会保险经办机构可以通过手机短信或者电子邮件等方式向参保人员发送个人权益记录。

第十八条 社会保险行政部门、社会保险经办机构及其工作人员应当依法为用人单位和个人的信息保密，不得违法向他人泄露下列信息：

（一）涉及用人单位商业秘密或者公开后可能损害用人单位合法利益的信息；

（二）涉及个人权益的信息。

第六章　关于法律责任

第十九条　用人单位在终止或者解除劳动合同时拒不向职工出具终止或者解除劳动关系证明，导致职工无法享受社会保险待遇的，用人单位应当依法承担赔偿责任。

第二十条　职工应当缴纳的社会保险费由用人单位代扣代缴。用人单位未依法代扣代缴的，由社会保险费征收机构责令用人单位限期代缴，并自欠缴之日起向用人单位按日加收万分之五的滞纳金。用人单位不得要求职工承担滞纳金。

第二十一条　用人单位因不可抗力造成生产经营出现严重困难的，经省级人民政府社会保险行政部门批准后，可以暂缓缴纳一定期限的社会保险费，期限一般不超过一年。暂缓缴费期间，免收滞纳金。到期后，用人单位应当缴纳相应的社会保险费。

第二十二条　用人单位按照社会保险法第六十三条的规定，提供担保并与社会保险费征收机构签订缓缴协议的，免收缓缴期间的滞纳金。

第二十三条　用人单位按照本规定第二十一条、第二十二条缓缴社会保险费期间，不影响其职工依法享受社会保险待遇。

第二十四条　用人单位未按月将缴纳社会保险费的明细情况告知职工本人的，由社会保险行政部门责令改正；逾期不改的，按照

《劳动保障监察条例》第三十条的规定处理。

第二十五条 医疗机构、药品经营单位等社会保险服务机构以欺诈、伪造证明材料或者其他手段骗取社会保险基金支出的，由社会保险行政部门责令退回骗取的社会保险金，处骗取金额二倍以上五倍以下的罚款。对与社会保险经办机构签订服务协议的医疗机构、药品经营单位，由社会保险经办机构按照协议追究责任，情节严重的，可以解除与其签订的服务协议。对有执业资格的直接负责的主管人员和其他直接责任人员，由社会保险行政部门建议授予其执业资格的有关主管部门依法吊销其执业资格。

第二十六条 社会保险经办机构、社会保险费征收机构、社会保险基金投资运营机构、开设社会保险基金专户的机构和专户管理银行及其工作人员有下列违法情形的，由社会保险行政部门按照社会保险法第九十一条的规定查处：

（一）将应征和已征的社会保险基金，采取隐藏、非法放置等手段，未按规定征缴、入账的；

（二）违规将社会保险基金转入社会保险基金专户以外的账户的；

（三）侵吞社会保险基金的；

（四）将各项社会保险基金互相挤占或者其他社会保障基金挤占社会保险基金的；

（五）将社会保险基金用于平衡财政预算，兴建、改建办公场所和支付人员经费、运行费用、管理费用的；

（六）违反国家规定的投资运营政策的。

第七章 其　　他

第二十七条 职工与所在用人单位发生社会保险争议的，可以依照《中华人民共和国劳动争议调解仲裁法》、《劳动人事争议仲裁办案规则》的规定，申请调解、仲裁，提起诉讼。

职工认为用人单位有未按时足额为其缴纳社会保险费等侵害其社会保险权益行为的，也可以要求社会保险行政部门或者社会保险费征收机构依法处理。社会保险行政部门或者社会保险费征收机构应当按照社会保险法和《劳动保障监察条例》等相关规定处理。在处理过程中，用人单位对双方的劳动关系提出异议的，社会保险行政部门应当依法查明相关事实后继续处理。

第二十八条 在社会保险经办机构征收社会保险费的地区，社会保险行政部门应当依法履行社会保险法第六十三条所规定的有关行政部门的职责。

第二十九条 2011 年 7 月 1 日后对用人单位未按时足额缴纳社会保险费的处理，按照社会保险法和本规定执行；对 2011 年 7 月 1 日前发生的用人单位未按时足额缴纳社会保险费的行为，按照国家和地方人民政府的有关规定执行。

第三十条 本规定自 2011 年 7 月 1 日起施行。

社会保险基金先行支付暂行办法

（2011年6月29日人力资源和社会保障部令第15号公布　根据2018年12月14日《人力资源社会保障部关于修改部分规章的决定》修订）

第一条　为了维护公民的社会保险合法权益，规范社会保险基金先行支付管理，根据《中华人民共和国社会保险法》（以下简称社会保险法）和《工伤保险条例》，制定本办法。

第二条　参加基本医疗保险的职工或者居民（以下简称个人）由于第三人的侵权行为造成伤病的，其医疗费用应当由第三人按照确定的责任大小依法承担。超过第三人责任部分的医疗费用，由基本医疗保险基金按照国家规定支付。

前款规定中应当由第三人支付的医疗费用，第三人不支付或者无法确定第三人的，在医疗费用结算时，个人可以向参保地社会保险经办机构书面申请基本医疗保险基金先行支付，并告知造成其伤病的原因和第三人不支付医疗费用或者无法确定第三人的情况。

第三条　社会保险经办机构接到个人根据第二条规定提出的申请后，经审核确定其参加基本医疗保险的，应当按照统筹地区基本医疗保险基金支付的规定先行支付相应部分的医疗费用。

第四条 个人由于第三人的侵权行为造成伤病被认定为工伤，第三人不支付工伤医疗费用或者无法确定第三人的，个人或者其近亲属可以向社会保险经办机构书面申请工伤保险基金先行支付，并告知第三人不支付或者无法确定第三人的情况。

第五条 社会保险经办机构接到个人根据第四条规定提出的申请后，应当审查个人获得基本医疗保险基金先行支付和其所在单位缴纳工伤保险费等情况，并按照下列情形分别处理：

（一）对于个人所在用人单位已经依法缴纳工伤保险费，且在认定工伤之前基本医疗保险基金有先行支付的，社会保险经办机构应当按照工伤保险有关规定，用工伤保险基金先行支付超出基本医疗保险基金先行支付部分的医疗费用，并向基本医疗保险基金退还先行支付的费用。

（二）对于个人所在用人单位已经依法缴纳工伤保险费，在认定工伤之前基本医疗保险基金无先行支付的，社会保险经办机构应当用工伤保险基金先行支付工伤医疗费用。

（三）对于个人所在用人单位未依法缴纳工伤保险费，且在认定工伤之前基本医疗保险基金有先行支付的，社会保险经办机构应当在3个工作日内向用人单位发出书面催告通知，要求用人单位在5个工作日内依法支付超出基本医疗保险基金先行支付部分的医疗费用，并向基本医疗保险基金偿还先行支付的医疗费用。用人单位在规定时间内不支付其余部分医疗费用的，社会保险经办机构应当用工伤保险基金先行支付。

（四）对于个人所在用人单位未依法缴纳工伤保险费，在认定工伤之前基本医疗保险基金无先行支付的，社会保险经办机构应当在3个工作日向用人单位发出书面催告通知，要求用人单位在5个工作日内依法支付全部工伤医疗费用；用人单位在规定时间内不支付的，社会保险经办机构应当用工伤保险基金先行支付。

第六条 职工所在用人单位未依法缴纳工伤保险费，发生工伤事故的，用人单位应当采取措施及时救治，并按照规定的工伤保险待遇项目和标准支付费用。

职工被认定为工伤后，有下列情形之一的，职工或者其近亲属可以持工伤认定决定书和有关材料向社会保险经办机构书面申请先行支付工伤保险待遇：

（一）用人单位被依法吊销营业执照或者撤销登记、备案的；

（二）用人单位拒绝支付全部或者部分费用的；

（三）依法经仲裁、诉讼后仍不能获得工伤保险待遇，法院出具中止执行文书的；

（四）职工认为用人单位不支付的其他情形。

第七条 社会保险经办机构收到职工或者其近亲属根据第六条规定提出的申请后，应当在3个工作日内向用人单位发出书面催告通知，要求其在5个工作日内予以核实并依法支付工伤保险待遇，告知其如在规定期限内不按时足额支付的，工伤保险基金在按照规定先行支付后，取得要求其偿还的权利。

第八条 用人单位未按照第七条规定按时足额支付的，社会保险经办机构应当按照社会保险法和《工伤保险条例》的规定，先行支付工伤保险待遇项目中应当由工伤保险基金支付的项目。

第九条 个人或者其近亲属提出先行支付医疗费用、工伤医疗费用或者工伤保险待遇申请，社会保险经办机构经审核不符合先行支付条件的，应当在收到申请后5个工作日内作出不予先行支付的决定，并书面通知申请人。

第十条 个人申请先行支付医疗费用、工伤医疗费用或者工伤保险待遇的，应当提交所有医疗诊断、鉴定等费用的原始票据等证据。社会保险经办机构应当保留所有原始票据等证据，要求申请人在先行支付凭据上签字确认，凭原始票据等证据先行支付医疗费用、工伤医疗费用或者工伤保险待遇。

个人因向第三人或者用人单位请求赔偿需要医疗费用、工伤医疗费用或者工伤保险待遇的原始票据等证据的，可以向社会保险经办机构索取复印件，并将第三人或者用人单位赔偿情况及时告知社会保险经办机构。

第十一条 个人已经从第三人或者用人单位处获得医疗费用、工伤医疗费用或者工伤保险待遇的，应当主动将先行支付金额中应当由第三人承担的部分或者工伤保险基金先行支付的工伤保险待遇退还给基本医疗保险基金或者工伤保险基金，社会保险经办机构不再向第三人或者用人单位追偿。

个人拒不退还的，社会保险经办机构可以从以后支付的相关待遇中扣减其应当退还的数额，或者向人民法院提起诉讼。

第十二条 社会保险经办机构按照本办法第三条规定先行支付医疗费用或者按照第五条第一项、第二项规定先行支付工伤医疗费用后，有关部门确定了第三人责任的，应当要求第三人按照确定的责任大小依法偿还先行支付数额中的相应部分。第三人逾期不偿还的，社会保险经办机构应当依法向人民法院提起诉讼。

第十三条 社会保险经办机构按照本办法第五条第三项、第四项和第六条、第七条、第八条的规定先行支付工伤保险待遇后，应当责令用人单位在10日内偿还。

用人单位逾期不偿还的，社会保险经办机构可以按照社会保险法第六十三条的规定，向银行和其他金融机构查询其存款账户，申请县级以上社会保险行政部门作出划拨应偿还款项的决定，并书面通知用人单位开户银行或者其他金融机构划拨其应当偿还的数额。

用人单位账户余额少于应当偿还数额的，社会保险经办机构可以要求其提供担保，签订延期还款协议。

用人单位未按时足额偿还且未提供担保的，社会保险经办机构可以申请人民法院扣押、查封、拍卖其价值相当于应当偿还数额的财产，以拍卖所得偿还所欠数额。

第十四条 社会保险经办机构向用人单位追偿工伤保险待遇发生的合理费用以及用人单位逾期偿还部分的利息损失等，应当由用人单位承担。

第十五条 用人单位不支付依法应当由其支付的工伤保险待遇项目的，职工可以依法申请仲裁、提起诉讼。

第十六条 个人隐瞒已经从第三人或者用人单位处获得医疗费用、工伤医疗费用或者工伤保险待遇，向社会保险经办机构申请并获得社会保险基金先行支付的，按照社会保险法第八十八条的规定处理。

第十七条 用人单位对社会保险经办机构作出先行支付的追偿决定不服或者对社会保险行政部门作出的划拨决定不服的，可以依法申请行政复议或者提起行政诉讼。

个人或者其近亲属对社会保险经办机构作出不予先行支付的决定不服或者对先行支付的数额不服的，可以依法申请行政复议或者提起行政诉讼。

第十八条 本办法自2011年7月1日起施行。

社会保险费征缴暂行条例

（1999年1月22日中华人民共和国国务院令第259号发布 根据2019年3月24日《国务院关于修改部分行政法规的决定》修订）

第一章 总 则

第一条 为了加强和规范社会保险费征缴工作，保障社会保险金的发放，制定本条例。

第二条 基本养老保险费、基本医疗保险费、失业保险费（以下统称社会保险费）的征收、缴纳，适用本条例。

本条例所称缴费单位、缴费个人，是指依照有关法律、行政法规和国务院的规定，应当缴纳社会保险费的单位和个人。

第三条 基本养老保险费的征缴范围：国有企业、城镇集体企业、外商投资企业、城镇私营企业和其他城镇企业及其职工，实行企业化管理的事业单位及其职工。

基本医疗保险费的征缴范围：国有企业、城镇集体企业、外商投资企业、城镇私营企业和其他城镇企业及其职工，国家机关及其工作人员，事业单位及其职工，民办非企业单位及其职工，社会团体及其专职人员。

失业保险费的征缴范围：国有企业、城镇集体企业、外商投资企业、城镇私营企业和其他城镇企业及其职工，事业单位及其职工。

省、自治区、直辖市人民政府根据当地实际情况，可以规定将城镇个体工商户纳入基本养老保险、基本医疗保险的范围，并可以规定将社会团体及其专职人员、民办非企业单位及其职工以及有雇工的城镇个体工商户及其雇工纳入失业保险的范围。

社会保险费的费基、费率依照有关法律、行政法规和国务院的规定执行。

第四条 缴费单位、缴费个人应当按时足额缴纳社会保险费。

征缴的社会保险费纳入社会保险基金，专款专用，任何单位和个人不得挪用。

第五条 国务院劳动保障行政部门负责全国的社会保险费征缴管理和监督检查工作。县级以上地方各级人民政府劳动保障行政部门负责本行政区域内的社会保险费征缴管理和监督检查工作。

第六条 社会保险费实行三项社会保险费集中、统一征收。社会保险费的征收机构由省、自治区、直辖市人民政府规定，可以由税务机关征收，也可以由劳动保障行政部门按照国务院规定设立的社会保险经办机构（以下简称社会保险经办机构）征收。

第二章　征缴管理

第七条　缴费单位必须向当地社会保险经办机构办理社会保险登记，参加社会保险。

登记事项包括：单位名称、住所、经营地点、单位类型、法定代表人或者负责人、开户银行账号以及国务院劳动保障行政部门规定的其他事项。

第八条　企业在办理登记注册时，同步办理社会保险登记。

前款规定以外的缴费单位应当自成立之日起30日内，向当地社会保险经办机构申请办理社会保险登记。

第九条　缴费单位的社会保险登记事项发生变更或者缴费单位依法终止的，应当自变更或者终止之日起30日内，到社会保险经办机构办理变更或者注销社会保险登记手续。

第十条　缴费单位必须按月向社会保险经办机构申报应缴纳的社会保险费数额，经社会保险经办机构核定后，在规定的期限内缴纳社会保险费。

缴费单位不按规定申报应缴纳的社会保险费数额的，由社会保险经办机构暂按该单位上月缴费数额的110%确定应缴数额；没有上月缴费数额的，由社会保险经办机构暂按该单位的经营状况、职工人数等有关情况确定应缴数额。缴费单位补办申报手续并按核定数额缴纳社会保险费后，由社会保险经办机构按照规定结算。

第十一条 省、自治区、直辖市人民政府规定由税务机关征收社会保险费的，社会保险经办机构应当及时向税务机关提供缴费单位社会保险登记、变更登记、注销登记以及缴费申报的情况。

第十二条 缴费单位和缴费个人应当以货币形式全额缴纳社会保险费。

缴费个人应当缴纳的社会保险费，由所在单位从其本人工资中代扣代缴。

社会保险费不得减免。

第十三条 缴费单位未按规定缴纳和代扣代缴社会保险费的，由劳动保障行政部门或者税务机关责令限期缴纳；逾期仍不缴纳的，除补缴欠缴数额外，从欠缴之日起，按日加收2‰的滞纳金。滞纳金并入社会保险基金。

第十四条 征收的社会保险费存入财政部门在国有商业银行开设的社会保障基金财政专户。

社会保险基金按照不同险种的统筹范围，分别建立基本养老保险基金、基本医疗保险基金、失业保险基金。各项社会保险基金分别单独核算。

社会保险基金不计征税、费。

第十五条 省、自治区、直辖市人民政府规定由税务机关征收社会保险费的，税务机关应当及时向社会保险经办机构提供缴费单位和缴费个人的缴费情况；社会保险经办机构应当将有关情况汇总，报劳动保障行政部门。

第十六条 社会保险经办机构应当建立缴费记录，其中基本养老保险、基本医疗保险并应当按照规定记录个人账户。社会保险经办机构负责保存缴费记录，并保证其完整、安全。社会保险经办机构应当至少每年向缴费个人发送一次基本养老保险、基本医疗保险个人账户通知单。

缴费单位、缴费个人有权按照规定查询缴费记录。

第三章　监督检查

第十七条　缴费单位应当每年向本单位职工公布本单位全年社会保险费缴纳情况，接受职工监督。

社会保险经办机构应当定期向社会公告社会保险费征收情况，接受社会监督。

第十八条　按照省、自治区、直辖市人民政府关于社会保险费征缴机构的规定，劳动保障行政部门或者税务机关依法对单位缴费情况进行检查时，被检查的单位应当提供与缴纳社会保险费有关的用人情况、工资表、财务报表等资料，如实反映情况，不得拒绝检查，不得谎报、瞒报。劳动保障行政部门或者税务机关可以记录、录音、录像、照相和复制有关资料；但是，应当为缴费单位保密。

劳动保障行政部门、税务机关的工作人员在行使前款所列职权时，应当出示执行公务证件。

第十九条　劳动保障行政部门或者税务机关调查社会保险费征缴违法案件时，有关部门、单位应当给予支持、协助。

第二十条　社会保险经办机构受劳动保障行政部门的委托，可以进行与社会保险费征缴有关的检查、调查工作。

第二十一条　任何组织和个人对有关社会保险费征缴的违法行为，有权举报。劳动保障行政部门或者税务机关对举报应当及时调查，按照规定处理，并为举报人保密。

第二十二条　社会保险基金实行收支两条线管理，由财政部门依法进行监督。

审计部门依法对社会保险基金的收支情况进行监督。

第四章　罚　　则

第二十三条　缴费单位未按照规定办理社会保险登记、变更登记或者注销登记，或者未按照规定申报应缴纳的社会保险费数额的，由劳动保障行政部门责令限期改正；情节严重的，对直接负责的主管人员和其他直接责任人员可以处 1000 元以上 5000 元以下的罚款；情节特别严重的，对直接负责的主管人员和其他直接责任人员可以处 5000 元以上 10000 元以下的罚款。

第二十四条　缴费单位违反有关财务、会计、统计的法律、行政法规和国家有关规定，伪造、变造、故意毁灭有关账册、材料，或者不设账册，致使社会保险费缴费基数无法确定的，除依照有关法律、行政法规的规定给予行政处罚、纪律处分、刑事处罚外，依照本条例第十条的规定征缴；迟延缴纳的，由劳动保障行政部门或者税务机关依照第十三条的规定决定加收滞纳金，并对直接负责的主管人员和其他直接责任人员处 5000 元以上 20000 元以下的罚款。

第二十五条　缴费单位和缴费个人对劳动保障行政部门或者税务机关的处罚决定不服的，可以依法申请复议；对复议决定不服的，可以依法提起诉讼。

第二十六条 缴费单位逾期拒不缴纳社会保险费、滞纳金的，由劳动保障行政部门或者税务机关申请人民法院依法强制征缴。

第二十七条 劳动保障行政部门、社会保险经办机构或者税务机关的工作人员滥用职权、徇私舞弊、玩忽职守，致使社会保险费流失的，由劳动保障行政部门或者税务机关追回流失的社会保险费；构成犯罪的，依法追究刑事责任；尚不构成犯罪的，依法给予行政处分。

第二十八条 任何单位、个人挪用社会保险基金的，追回被挪用的社会保险基金；有违法所得的，没收违法所得，并入社会保险基金；构成犯罪的，依法追究刑事责任；尚不构成犯罪的，对直接负责的主管人员和其他直接责任人员依法给予行政处分。

第五章　附　　则

第二十九条 省、自治区、直辖市人民政府根据本地实际情况，可以决定本条例适用于本行政区域内工伤保险费和生育保险费的征收、缴纳。

第三十条 税务机关、社会保险经办机构征收社会保险费，不得从社会保险基金中提取任何费用，所需经费列入预算，由财政拨付。

第三十一条 本条例自发布之日起施行。

图书在版编目（CIP）数据

社会保险法 / 学习强会编. —北京：中国工人出版社，2022.8
（全国职工“八五”普法简明读本）
ISBN 978-7-5008-7950-3

Ⅰ. ①社… Ⅱ. ①学… Ⅲ. ①社会保险法—中国—通俗读物
Ⅳ. ①D922.554

中国版本图书馆CIP数据核字（2022）第143805号

社会保险法

出 版 人	董 宽
责任编辑	赵晨羽
责任校对	张 彦
责任印制	栾征宇
出版发行	中国工人出版社
地　　址	北京市东城区鼓楼外大街45号　邮编：100120
网　　址	http://www.wp-china.com
电　　话	（010）62005043（总编室） （010）62005039（印制管理中心） （010）62382916（工会与劳动关系分社）
发行热线	（010）82029051　62383056
经　　销	各地书店
印　　刷	三河市万龙印装有限公司
开　　本	850毫米×1168毫米　1/32
印　　张	3.5
字　　数	75千字
版　　次	2022年10月第1版　2024年12月第3次印刷
定　　价	20.00元